R.E.I. Editions

Tutti i nostri ebook possono essere letti sui seguenti dispositivi:
- Computer
- eReader
- iOS
- Android
- Blackberry
- Windows
- Tablet
- Cellulare

French Academy

Chiromanzia

La lettura della mano

ISBN: 978-2-37297-4318
Disponibile anche in formato Ebook - ISBN: 978-2-37297-4295

Pubblicazione: novembre 2022

French Academy

Chiromanzia

La lettura della mano

R.E.I. Editions

Indice

Chiromanzia

La chiromanzia è l'arte di descrivere la personalità e prevedere il destino di un individuo attraverso lo studio del palmo della sua mano. La parola deriva dal greco "cheiromantéia", composto da "chéir", mano e "mantéia", divinazione.

La pratica, diffusa in tutto il mondo, sebbene con numerose varianti culturali, è anche conosciuta come lettura della mano; il praticante della chiromanzia è chiamato chiromante, chirologo o lettore della mano.

La chiromanzia, universalmente considerata una pseudoscienza, si divide in due discipline principali:

- La chirologia, che si occupa dello studio delle linee del palmo.
- La chirognomia, che si occupa dello studio della forma della mano.

La chiromanzia affonda le sue origini nell'astrologia indiana di cui era una disciplina; al saggio induista Valmiki sarebbe attribuito un libro oggi perduto, il cui titolo si potrebbe tradurre con "Gli insegnamenti di Maharishi Valmiki sulla chiromanzia maschile".

Questo libro avrebbe contenuto 567 stanze e potrebbe essere stato scritto più di 5.000 anni fa.

Dall'India, l'arte della lettura della mano si diffuse poi in Cina intorno al 3000 a.C.; successivamente raggiunse Tibet, Egitto, Persia e si sviluppò in Grecia, dove fu praticata anche dal filosofo Anassagora.

La chiromanzia indiana afferma di essere la più antica, ma è per lo più trasmessa verbalmente, attraverso un processo noto come" parampara" , all'interno di gruppi familiari, sociali e culturali.

In India, la lettura della mano è parte integrante della maggior parte delle pratiche di medicina naturale.

La lettura del palmo della mano fa anche parte della versione indiana dell'astrologia, nota come jyotish; è abbastanza comune per i praticanti ayurvedici indiani essere esperti di chiromanzia.

La chiromanzia indiana è più predittiva della chiromanzia occidentale, che è olistica e si concentra maggiormente sulle qualità psicologiche.

Si dice che la chiromanzia cinese risalga a circa 3.000 anni fa e faccia parte della medicina tradizionale cinese originale; in Cina, la chiromanzia è conosciuta come shou xiang e shou zhen.

La chiromanzia cinese usa i propri termini per definire parti della mano, riferendosi, invece, a linee basate su elementi o monti basati su determinate stelle, piuttosto che su pianeti.

La chiromanzia cinese ha tre diversi sistemi basati su trigrammi, stelle o linee. Il sistema trigramma cinese si basa sulla mappa bagua, utilizzata anche nel feng shui, e ha collegamenti chiari e diretti a diversi organi e sistemi all'interno del corpo.

Un'antica credenza cinese ritiene che a ogni dito della mano corrisponda qualcuno a noi caro:

- Il mignolo rappresenta i figli.
- Il medio rappresenta noi stessi.
- Il pollice rappresenta i genitori.
- L'indice rappresenta fratelli e sorelle.
- L'anulare rappresenta il partner.

Lo sviluppo in epoca classica ha lasciato tracce nella terminologia, che indica alcune parti del palmo e della mano usando i nomi degli antichi Dei greci e romani.

La Chiromanzia, che prende il nome dal famoso chiromante Conte Louis Hamon, detto anche Cheiro, è un tipo di divinazione molto popolare e accurato; dalle scarse informazioni di cui disponiamo in merito all'Europa celtica, c'è ragione di credere che anche qui la mano fosse considerata fonte d'informazioni in merito alla persona.

La mano cambia nel corso dell'esistenza; le linee che vediamo adesso sul nostro palmo non erano le stesse un anno fa e probabilmente saranno molto diverse fra cinque anni; anche se la mano fornisce un profilo della vita, questo ha solo un carattere generico.

La chiromanzia si è diffusa anche attraverso i Rom e altri popoli zingari, che tradizionalmente la praticano ancora. Al giorno d'oggi non è ancora stata condotta alcuna ricerca soddisfacente né a sostegno né in contrasto alla scientificità di questa pratica, che viene, generalmente considerata una pseudoscienza, al pari dell'astrologia e della cartomanzia.

- Ciò è dovuto alla sua totale assenza di fondamento scientifico e di possibilità di verifica.

Ci sono molte interpretazioni diverse delle linee della mano a seconda delle differenti scuole di chiromanzia, e i moderni chiromanti spesso combinano le tradizionali tecniche di preveggenza con la psicologia, la medicina olistica e altri metodi di divinazione.

- La lettura completa non va fatta solo col palmo.

La mano, come il piede, contiene tutte le informazioni riguardanti la vita della persona, per cui va studiata nella sua totalità, le linee, il palmo, il dorso, le dita, le unghie, e NON solo la mano sinistra, tipicamente zingaresco come metodo, ma entrambe le mani, poiché:

- La sinistra è ciò che sarà. Non solo, il palmo della mano sinistra rivela le predisposizioni, le doti che riceviamo ancor prima della nascita. Se le linee della mano sinistra sono più marcate rispetto a quelle della destra, significa che non abbiamo sfruttato appieno le nostre capacità e che disponiamo di più possibilità di quanto noi stessi crediamo, ma ci siamo fatti ostacolare dalla natura passiva, da condizioni avverse, dalla pigrizia. Questa è caratteristica dei geni incompresi, dei poeti sconosciuti e dei rassegnati.

- La destra è ciò che è ed è stato. Il palmo della mano destra registra, quindi, l'uso che di tali doti abbiamo fatto e andiamo facendo. Se è la mano destra ad avere le linee più marcate allora le mani appartengono a individui caparbi, risoluti, brutali e arrivisti.

Se le linee sono pressoché uguali nelle due mani, i soggetti sono pacifici, ma senza forza di carattere e poca personalità.

Nei mancini le situazioni precedentemente elencate, ovviamente, si capovolgono.

Nella donna e nell'uomo la situazione è differente:

Le donne hanno la mano destra che rappresenta lo status in cui sono venute al mondo, mentre la mano sinistra ci parla di tutte le esperienza di vita accumulate nel corso degli anni e che hanno agito per modificare il bagaglio culturale con il quale si è nati.

Nell'uomo è tutto il contrario: sarà la mano sinistra a essere quella "parlante" al momento della nascita, mentre la destra rappresenterà tutte le esperienze fatte nel corso della vita.

Alcune correnti di pensiero sostengono che sia la mano sinistra a mostrare il futuro, ma con una probabilità piuttosto che con una certezza assoluta.

Se la persona di cui state osservando le mani, mostra una differenza tra i due palmi, questo potrebbe voler dire che ha compiuto o sta compiendo delle azioni per modificare il potenziale della propria vita.

La dimensione delle mani offre una prima indicazione sul carattere. La lunghezza della mano corrisponde all'incirca a un decimo dell'altezza della persona, come pure alla distanza fra mento e attaccatura dei capelli o poco meno.

- Mani molto piccole segnalano grande sensibilità, così come allegria, incostanza e immaginazione.
- Mani molto grandi indicano scarsa sensibilità e intelligenza analitica, come pure lentezza nelle reazioni istintive.
- La mano lunga e grande è segno di egoismo e di una forte capacità di imporre agli altri la propria volontà.
- Mani grandi con braccia corte si associano a grande aggressività.
- La mano ben proporzionata, rispetto alla misura del corpo, indica una persona equilibrata, onesta, giudiziosa e discreta; questa mano, aprendosi, forma con le sue dita una linea retta.

Colore, temperatura e umidità della mano rivelano le condizioni psico-fisiche del soggetto.

- Mani rosee mostrano affettività e allegria.
- Mani rossastre sia ottimismo sia collera.
- Mani molto pallide o giallastre nervosismo, scarsa energia e chiusura interiore.

Nel dorso, flessibilità delle articolazioni, grana della pelle e pelosità rivelano caratteristiche importanti.

- Mani rigide possono mostrare sia animo risoluto ed energia sia goffaggine e timidezza.
- Mani flessibili mostrano adattabilità.
- Mani cedevoli e molli indicano il carattere debole di chi è facilmente influenzabile.
- Mani con pelle ruvida esprimono senso pratico.
- Mani con pelle fine indicano delicatezza nei sentimenti.

Per il valore da dare ai segni è importante riconoscere la mano prevalente che, comunemente intesa, è quella più utilizzata sia per la scrittura sia nelle varie attività in cui la mano è coinvolta.

- In casi dubbi, l'incrocio automatico dei pollici mentre si uniscono le mani aiuta a determinare qual è la mano prevalente per la chirologia: il pollice della mano prevalente viene sempre posto al di sopra dell'altro.

La mano sinistra esprime la nostra parte più femminile, la nostra affettività, sensibilità, fantasia e senso estetico, mentre quella destra la parte maschile, pensiero logico, razionalità e comportamento attivo.

- In caso di prevalenza della mano sinistra, abbiamo immaginazione vivace e scarsa adattabilità alle convenzioni sociali.
- Se la prevalenza è nella mano destra, riscontriamo razionalità e conformismo.

La mano prevalente presenta spesso, rispetto all'altra, un maggior numero di linee ed è importante definire in che modo tali linee si sono differenziate, o comunque sono diverse, da quelle della mano non prevalente, considerata meno mutevole.

- La mano prevalente (più usata) tende a mostrare gli aspetti del nostro carattere che si esprimono più facilmente nella vita di tutti i giorni.
- La mano non prevalente (meno utilizzata) rivela le nostre caratteristiche innate, le qualità latenti e inespresse, le parti di noi che ci piacciono di meno e che abbiamo cercato di modificare.

Nella mano non prevalente le linee (e le loro terminazioni) rimangono pressoché immutate negli anni e mostrano le caratteristiche innate, mentre nella mano prevalente si discostano dal modello ancora presente nell'altra mano, esprimendo in tal modo le caratteristiche acquisite.

La gestualità e la mimica che accompagnano, rafforzano e spesso sostituiscono le parole, manifestano quello che i latini chiamavano"gesto oratorio": indispensabili nel rapporto sociale, le nostre mani orientano, minacciano e benedicono, sanno accarezzare e colpire, ci esprimono nel lavoro maneggiando con ugual perizia la vanga del contadino e il bisturi del chirurgo, il martello del fabbro e il pennello dell'artista, parlano per i muti e leggono per i ciechi; tutto questo rientra nella pratica quotidiana, è un dato acquisito e scontato per tutti.

Ci sono però altri linguaggi che trascuriamo, o addirittura ignoriamo, che le mani generosamente ci propongono; osserviamone la forma, il rapporto tra palmo e dita, il rapporto delle dita fra di loro: ne potremo ricavare le nostre caratteristiche di fondo, l'armatura rigida entro la quale ci possiamo muovere, gli aspetti immutabili della personalità, così come rimane immutabile durante tutta la vita la struttura della mano che cresce con noi mantenendo fisse le sue proporzioni.

- Secondo la "Teoria dei tre mondi", sapremo se siamo più istintivi che razionali o se sono le emozioni a dirigere le nostre scelte.

Il raffronto tra mano sinistra e destra, evidenzia le eventuali contraddizioni e quanto sprechiamo, o ben utilizziamo, il potenziale naturale.

C'è poi l'aspetto dinamico, il linguaggio della nostra crescita che nel rigonfiamento dei monti ci dice di quanta energia siamo forniti, nella forma e nello sviluppo mutevole delle linee ci parla delle emozioni e della razionalità, della vitalità e del rapporto che riusciamo a costruire con chi ci circonda, linee che segnano il percorso futuro nei suoi momenti più importanti e cruciali.

Ci sono, infine, i "segni particolari", l'elemento più estroso e personale, che aiutano a fotografare nei più intimi dettagli, la situazione del presente.

Le due mani sono i poli della vita attraverso i quali si sviluppa la nostra esistenza, il simbolo dell'inizio e della realizzazione, uniscono femminile e maschile in un unico essere totale; per questo vanno osservate entrambe, in quanto entrambe ci compongono e ci rappresentano con dei significati ben distinti e definiti, e solo dalla loro unione si può ricavare l'intera personalità.

Da un loro confronto è possibile trarre interessanti verifiche sull'uso che facciamo delle nostre capacità, se e quanto stiamo sprecando ciò che intimamente ci appartiene, come agiscono su di noi condizionamenti educativi e culturali ed effimere mode passeggere.

Osserviamo i tre possibili casi.

- La sinistra ha più linee - Il significato è ben preciso: la nostra vita è segnata da rinunce, e stiamo tradendo alcune più intime aspirazioni, situazione che richiede una pausa di riflessione.

  Se a destra manca la linea del destino, che risulta, invece, molto netta sulla sinistra, il problema è legato allo studio o al lavoro la cui scelta non è stata delle più felici, o perché imposta da altri, o da necessità contingenti, o da quant'altro ancora: la strada non è quella giusta, e forse è il caso di cambiare rotta.

  Se poi dal monte di Venere sinistro escono numerose linee che tagliano quella della vita e che non trovano corrispondenza sulla destra, sono le nostre emozioni a soffrire perché non riescono a trovare uno sbocco verso l'esterno: paura, timidezza, insicurezza, guardiamoci allo specchio.

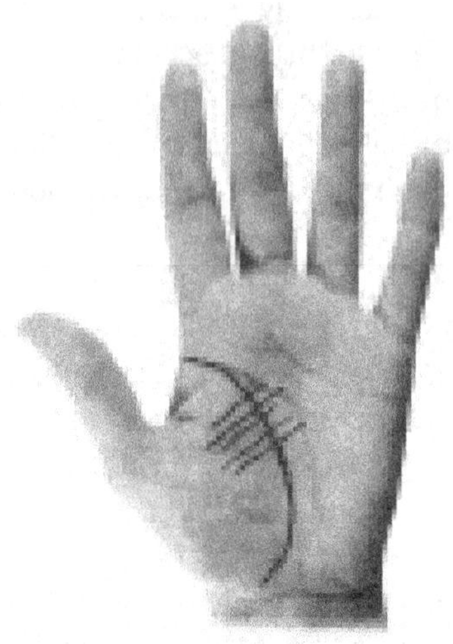

- Quando le linee appaiono più numerose sul palmo destro, è l'ambizione che domina, insieme con il desiderio di potere che cerchiamo di realizzare in tutte le nostre azioni.
  Solo la realtà ha valore e ha significato solamente ciò che è obiettivo e tangibile.
  E' una situazione che può creare freddezza e aridità.

- Il caso più raro di un buon equilibrio tra le due mani che presentano linee simili, indica che il fortunato possessore sta percorrendo la strada giusta e riuscirà a svolgere, con pochi e semplici nodi, il filo della sua esistenza.

Teoria dei tre mondi

E' un'affascinante teoria che emerge dalla notte dei tempi, mai smentita nel corso dei secoli, e che da sempre accompagna ogni metodo d'indagine sulla personalità umana che questa dottrina dispone su tre piani: quello naturale-istintivo, quello razionale-psichico, quello della comunicazione spirituale.
Tale triplice suddivisione si propone sulla mano che presenta:

- Nella parte più bassa del palmo, vicino al polso fino alla linea della testa, il "Corpus", l'espressione degli istinti più profondi.

- L'altra metà del palmo, fino all'attaccatura delle dita, è l'"Animus" che ci parla dell'entità delle ambizioni e della necessità dell'affermazione sociale.

- Infine, le dita misurano lo "Spiritus", cioè la sensibilità, la raffinatezza, la spiritualità.

Quale delle tre parti appare più evidente a un primo colpo d'occhio:
- Se è la prima, il Corpus, allora siamo tendenzialmente impulsivi e l'istinto ci prende facilmente la mano.
- Se è l'Animus, siamo quelli concreti e razionali che analizzano ogni azione.
- Se le dita sono la parte più lunga, allora l'approccio con la vita è basato sulla comunicazione spirituale.

Osserviamo, adesso, le dita che, nei segmenti che le compongono, ripropongono la suddivisione dei tre mondi.

- Se la prima falange, quella unita al palmo è la più robusta ed evidente, allora siamo dei goderecci legati ai piaceri che la vita offre e ai quali disinvoltamente cediamo.

- Se la più evidente è la seconda, quella centrale, allora siamo seri, studiosi e riflessivi.

- Se la più lunga è quella esterna, allora idealismo e spiritualità sono le emozioni nelle quali tendiamo a perderci.

Un'ulteriore verifica la possiamo avere osservando le tre linee principali che percorrono l'intero palmo della mano, segnando il nostro cammino dall'inizio alla fine con le sue gioie e i suoi dolori.

- La Linea della Vita, che circonda la base del pollice, ed esprime la vitalità e l'istinto di sopravvivenza.

- La Linea della Testa, che inizia dallo stesso punto tra il pollice e l'indice, e mostra la capacità di comprensione e la qualità della tensione psichica.

- La Linea del Cuore, che parte dal lato opposto della mano, sotto il mignolo, e comunica l'emotività e l'affettività di cui siamo forniti.

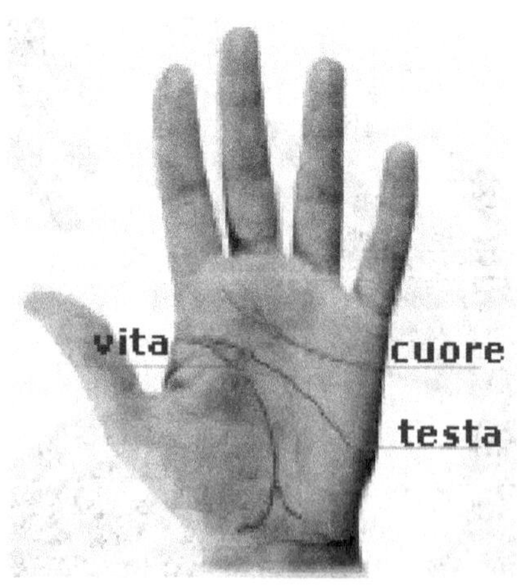

La forma della mano

Le varie combinazioni di forma del palmo e delle dita definiscono il tipo di mano secondo lo studio della, cosiddetta, chirognomia.
Una prima classificazione ne distingue quattro tipi, legate agli elementi dell'astrologia.
1. Mano di Terra o Pratica.
2. Mano di Fuoco o Creativa.
3. Mano d'Aria o Intellettuale.
4. Mano d'Acqua o Sensibile.

Mano di Terra

Ha il palmo largo e quadrato con dita corte, piuttosto tozze e muscoli compatti; palmi e dita quadrati, pelle spessa o ruvida e di colore rossastro: lunghezza dei palmi uguale a quella delle dita.

- Solidi valori ed energia, a volte cocciuto.
- Pratico e responsabile, a volte materialistico.
- Lavora con le mani, a suo agio con le attività materiali.
- Dal punto di vista estetico non è tra le più belle, ma sicuramente è la più affidabile perché tipica di individui responsabili, concreti e leali, qualità che vorremmo trovare nei migliori amici.

Le persone di questo tipo, sono dotate di senso pratico e capacità organizzative, sono laboriose e resistenti e non si tirano mai indietro quando è il momento di rimboccarsi le maniche per sé e per gli altri.
Amano la vita all'aria aperta e la natura.
Le linee, poche e ben marcate, rafforzano il senso di chiarezza ed essenzialità.
Come difetti si può dire che, a volte, sono un po' impazienti, e la notevole carica energetica di cui sono forniti può esplodere in collere improvvise, ma niente paura, passa subito senza strascichi e rancori.

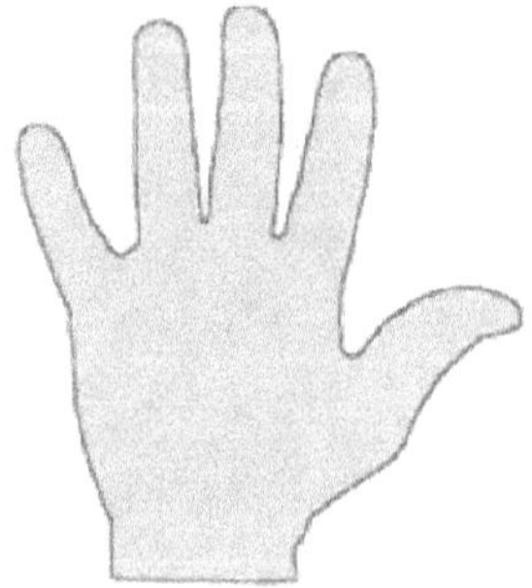

Mano di Fuoco

Il palmo è lungo con le dita proporzionalmente corte. Palmi quadrati o rettangolari, pelle rosa o rossastra, dita corte: lunghezza dei palmi molto superiore a quella delle dita.

- Spontaneo, entusiasta e ottimista.
- A volte egoista, impulsivo e insensibile.
- Estroverso.
- Agisce con coraggio e istintivamente.
- Appartiene alla persona entusiasta e piena di vitalità che mette grande passione in tutte le iniziative che intraprende, passione spesso contagiosa che la trasforma automaticamente in un leader trascinatore.

Ama gli imprevisti, le novità e i rischi con la stessa incosciente freschezza di un bambino.

L'eclettismo e il dinamismo sono rafforzati anche dalle linee numerose e ben definite.

Come difetti si può dire che, a volte, non riesce a concludere ciò che inizia perché spesso è troppo anche per lei, e il rapido entusiasmo si trasforma, a volte, in altrettante rapide cadute, ma trova subito un buon motivo per rialzarsi.

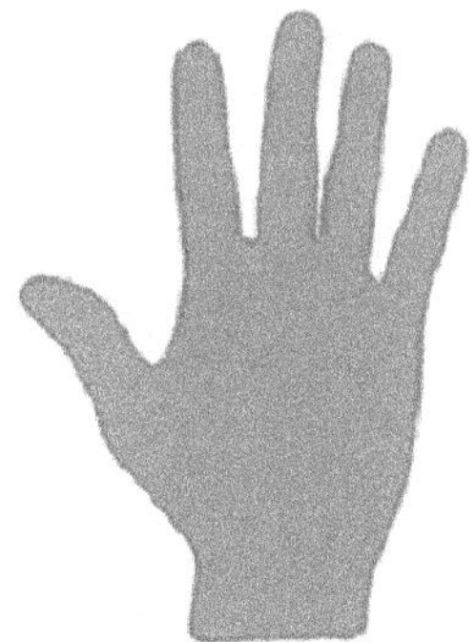

Mano d'Aria

Il palmo è quadrato con dita molto lunghe e vivaci e numerose linee sottili; dita lunghe e a volte nocche sporgenti, pollici bassi e pelle secca: lunghezza dei palmi inferiore a quella delle dita.

- Socievole, loquace e acuto.
- Può essere superficiale, dispettoso e freddo.
- A suo agio con tutto ciò che è mentale e intangibile.
- Agisce in modi diversi ed estremistici.
- Appartiene alla persona estroversa, socievole e riflessiva con il dono della facile comunicativa.

L'intelligenza curiosa, penetrante e acuta, la rende abile indagatrice alla costante ricerca di nuovi stimoli intellettuali e culturali.

Dotata di buona capacità di ascolto e comprensione, tende a farsi carico, e spesso risolvere, i problemi altrui.

Come difetti si può dire che dare troppo valore all'intelligenza, la porta, a volte, a trascurare l'importanza di intuizioni ed emozioni e a cadere in un arido intellettualismo.

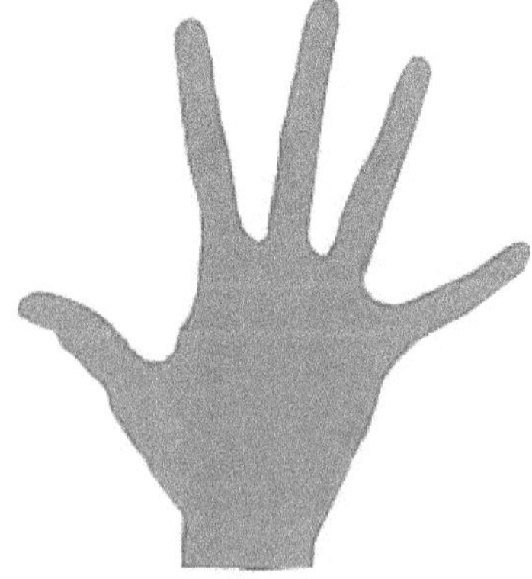

Mano d'Acqua

Di aspetto fragile e delicato, sottile e affusolata sia nel palmo sia nelle lunghe dita, è la forma più elegante: lunghezza dei palmi uguale a quella delle dita, ma ampiezza più ridotta.

- Creativo, intuitivo e comprensivo.
- Può essere lunatico, emotivo e inibito.
- Introverso.
- Agisce con calma e in modo intuitivo.
- La caratteristica principale che esprime è la forte sensibilità ed è dotata di una personalità ricca di creatività e fantasia.

I suoi possessori amano vivere nel sogno e nella vita interiore e il loro intuito li porta a percepire i dettagli delle situazioni.
Le linee sottili, numerose e spesso confuse testimoniano un'intensa vita emotiva.
Come difetti si può dire che vivere nella fantasia li porta spesso al distacco della realtà e all'isolamento, e gli obblighi quotidiani li rendono soggetti a continui cambiamenti d'umore che danno l'impressione di ambiguità.

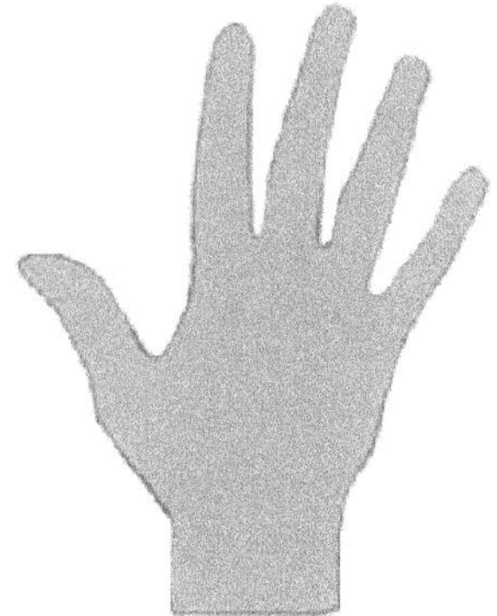

- Due persone tipo terra possono avere un'unione solida, duratura e felice, magari un po' troppo terra-terra e senza grandi voli, ma indistruttibile.

- Ideale il rapporto tra il tipo terra e d'acqua: si compensano e si arricchiscono a vicenda di realtà e fantasia, determinando un'unione felice e stimolante per entrambi.

- Molto positivo tra il tipo aria e il tipo fuoco: ottima combinazione tra idea e azione, stimolo e realizzazione.

- Due tipi acqua rischiano, vivendo ciascuna nel proprio mondo, di sognare insieme ma di non incontrarsi mai, salvo se riescono a entrare nello stesso sogno.

- Difficile il rapporto tra due tipi fuoco che tendono entrambe a comandare: troppi fulmini per una lunga convivenza serena.

- Rischiosa anche l'unione tra due tipi d'aria, valida a livello intellettuale, ma non si vive di sole idee.

- Azzardata la relazione sentimentale tra il tipo terra e quello d'aria, più funzionale nel rapporto d'affari tra chi produce e chi vende.

- Il rapporto tra tipo acqua e fuoco può finire in due modi: o l'acqua spegne il fuoco, oppure il fuoco fa bollire l'acqua fino a che non ne resta neppure una goccia, quindi, in ogni caso, di breve durata.

- Incompatibile l'unione tra il tipo acqua e quello aria così come sono insofferenti fra di loro le emozioni e la ragione che parlano due linguaggi diversi: rischio di totale incomunicabilità.

Mani e Pianeti

Una interessante classificazione riguarda l'abbinamento delle mani ai pianeti, per cui avremo:

- Mano di Marte
- Mano di Venere
- Mano di Mercurio
- Mano della Luna
- Mano del Sole
- Mano della Vergine
- Mano della Bilancia
- Mano di Plutone
- Mano di Giove
- Mano di Saturno
- Mano di Urano
- Mano di Nettuno

Mano di Marte

E' la mano combattiva che, nella forma quadrata e robusta, esprime potenza e azione.

Le linee, poche e ben definite, indicano obiettivi semplici, ben mirati e, quando i due monti di Marte sono evidenti, di sicura esecuzione.

- Monte di Marte positivo - Situato tra quello di Venere e di Giove, esprime il coraggio e la capacità combattiva che diventano aggressività quando è troppo gonfio. Se è piatto, prevalgono reticenza e un atteggiamento di difensiva.
- Monte di Marte negativo - Situato tra il monte di Mercurio e quello della Luna, rappresenta la forza d'animo, la tenacia e la capacità di resistenza alle pressioni. Se manca, sono scarse perseveranza e sicurezza di convinzioni.

La concretezza, punto forte di questa mano, diventa però il suo limite nel momento in cui tende a rifiutare tutto quanto esuli dal reale.

Di poche sfumature, è rapido nei giudizi, irruente e passionale negli affetti, generoso e fedele nelle amicizie, affidabile nel lavoro.

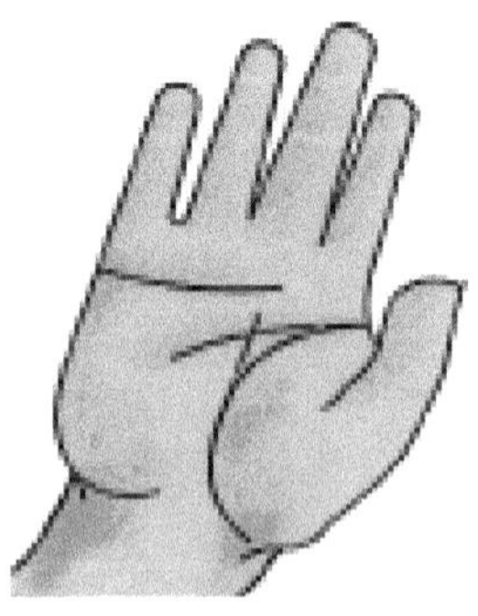

Mano di Venere

Trova la sua centralità sul monte alla base del pollice che deve essere ampio e consistente.
Appare al primo colpo d'occhio come la parte più evidente della mano che, di forma conica, tende a restringersi salendo verso le dita.

- Rivela un temperamento legato all'affettività, guidato dal sentimentalismo e ricca di fascino naturale.

Se è troppo carico e duro e l'energia non riesce a trovare uno sfogo, può portare a perversioni di natura sessuale.
Quando le falangi delle dita sono grassocce alle basi e presentano delle fossette sul lato dorsale, allora ci troviamo di fronte a un gaudente, sensuale e goloso.

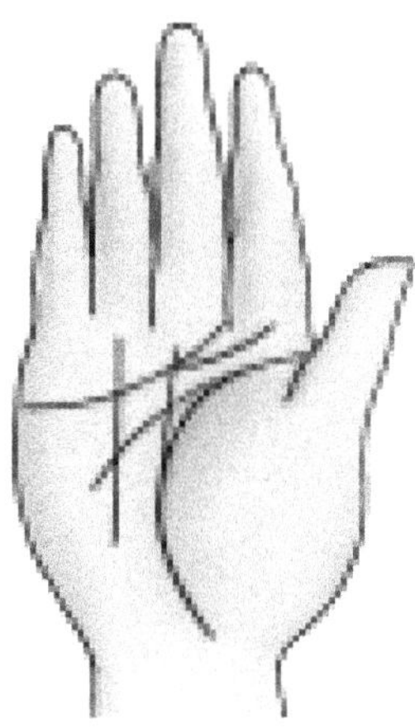

Mano di Mercurio

La caratteristica più evidente di questa mano risiede nelle dita corte e sottili, molto vivaci, agili e mobili.
Esprime la capacità di decisioni rapide anche se a volte pecca di superficialità.

- I suoi possessori hanno una personalità curiosa, estroversa, spregiudicata al punto da risultare, a volte, poco affidabile.

Il dito centrale è il mignolo, di Mercurio, che appare spesso staccato e indipendente dalle altre segnalando in tal modo il libero pensatore.
Quando il monte alla sua base è molto pronunciato, il soggetto ha buone qualità oratorie; se poi appare un triangolo il successo finanziario non mancherà.

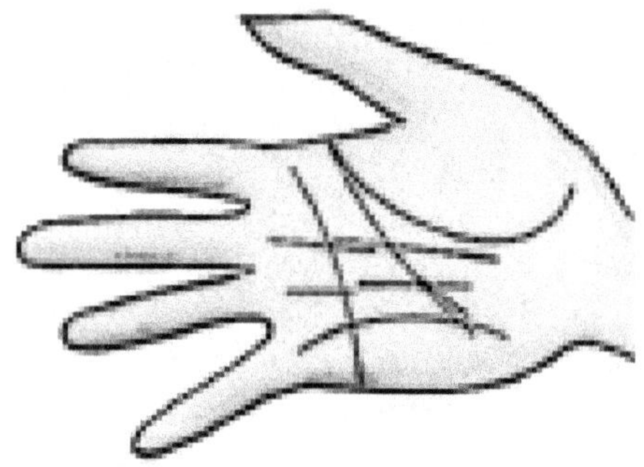

Mano della Luna

Si presenta lunga e stretta, flessibile e delicata con numerose linee sottili e complicate.

- E' la mano sognatrice, portata più alla contemplazione che all'azione (non per niente nei dipinti del Rinascimento appartiene ai santi e agli asceti), bella da vedere, ma poco pratica e inadatta ai lavori manuali.

I loro possessori tendono più a adeguarsi alla realtà piuttosto che modificarla.
Quanto il sogno possa rendersi concreto, trova la verifica sul monte della Luna, vera espressione centrale di questo tipo di mano: quando appare evidente, appuntito e ben segnato, allora la fantasia diventa realtà, altrimenti i sogni rimangono nel cassetto.

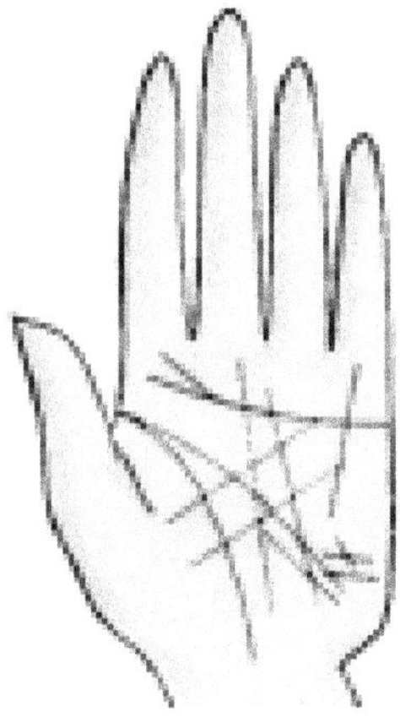

Mano del Sole

E' la mano che trova il suo asse centrale nell'anulare, il dito di Apollo, che deve essere più lungo dell'indice.

- Esprime creatività, amore per l'arte e per il bello attraverso una ricerca interiore.

Se è lungo quasi quanto il medio, l'introspezione diventa ossessiva, fine a se stessa e rischia di precipitare il soggetto in un buco nero dal quale difficilmente riesce a uscire con conseguenti problemi di natura psichica.
Una stella sul monte sottostante sta a indicare che l'intima soddisfazione è a portata di mano e, per chi si realizza nell'arte, anche il successo concreto.

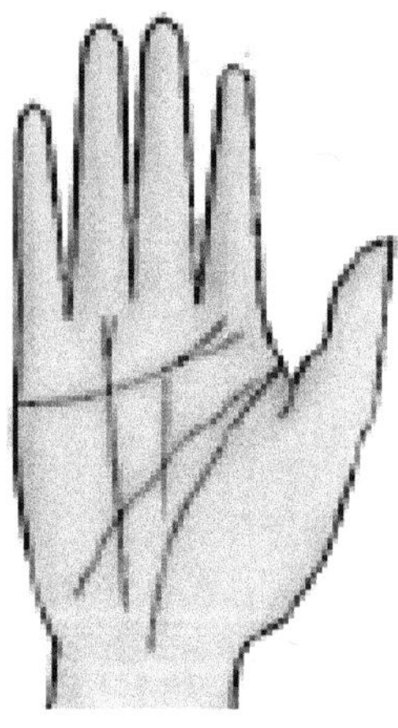

Mano di Plutone

Di forma quadrata, con dita robuste e lunghe e monti ben evidenziati, caratteristica importante che da al soggetto la capacità di trovare sempre in se stesso l'energia per fare e ricominciare da capo.
E', infatti, portato al continuo rinnovamento, e i cambiamenti risultano evidenti sulla linea del destino spezzettata che in ogni suo tratto si lascia alle spalle l'esperienza precedente.

- Le note più personali si trovano comunque nella linea dell'intuito che, portando all'esterno i misteri dell'inconscio e dell'invisibile, lo rende enigmatico e affascinante.

L'eventuale linea lasciva (segnalata dalla freccia), spesso presente su entrambe le mani, rivela inoltre la ricerca di emozioni e sensazioni forti.
Il suo limite sta nella difficoltà di trovare il limite, e quando i monti sono troppo carichi e le linee profonde e rosse, allora le creatività può trasformarsi in istrionismo, le percezioni in angosce, il bisogno di novità in autodistruzione.

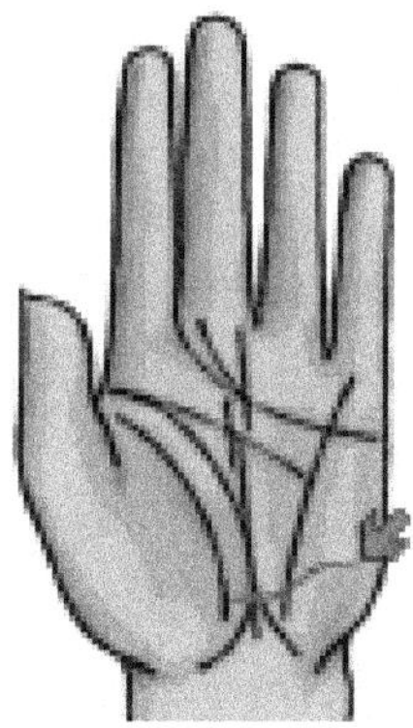

Mano di Giove

Trova il suo punto di forza nell'indice più lungo dell'anulare e che tende a staccarsi dalle altre dita.

- E' il dito di Giove, che impone e minaccia ma indica anche la via; da questo tipo di mano la capacità di comandare, di organizzare e dirigere, e al suo possessore una forte spinta all'autoaffermazione.

Se nella sua estensione raggiunge il medio, allora le qualità positive si trasformano in eccessi e prendono il predominio l'autoritarismo, l'orgoglio e la volontà di potenza (non per niente è anche chiamato dito di Napoleone).
Un triangolo sul monte alla sua base legittima l'abilità organizzativa e direzionale mentre un quadrato rivolge tali capacità al campo dell'insegnamento.

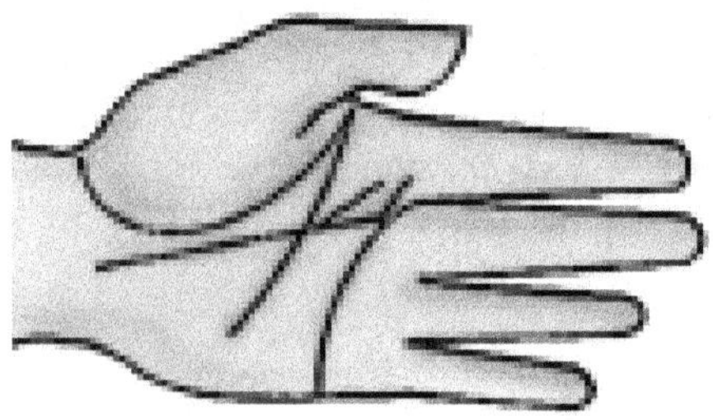

Mano di Saturno

Dita lunghe e magre con nodosità alle giunture sono le caratteristiche di questo tipo di mano.

- Ci troviamo di fronte alla persona seria, riflessiva, amante dello studio, metodica e tenace sulla cui affidabilità si può contare.

Quando il medio, il dito di Saturno, è troppo lungo si accentua l'introversione, il distacco e l'orgoglioso isolamento dagli altri; quando l'indice e l'anulare si piegano verso di lui allora la persona da seria diventa convenzionale, conformista e conservatrice.
Una croce sul monte sottostante indica un periodo di pessimismo e depressione che possono causare anche problemi di salute fisica.

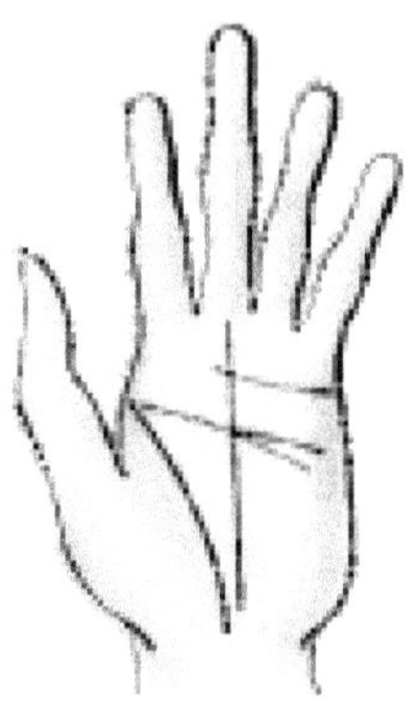

Mano di Urano

E' la mano a forma di trapezio rovesciato con il palmo che si allarga salendo dal polso all'attaccatura delle dita.

- Esprime il tipo di attività, che vive nel continuo prodigarsi, spesso inquieto e insoddisfatto della situazione che sta vivendo, proiettato in avanti.

Quando la punta delle dita è spatolata, cioè si allarga verso l'estremità esterna, il soggetto cade spesso nella frenesia del fare, al punto di intraprendere nuove iniziative senza aver portato a termine quelle precedenti.
Allora l'energia nervosa che regge l'attivismo diventa inquietudine che si trasmette agli altri provocando reazioni di fastidio e intolleranza.

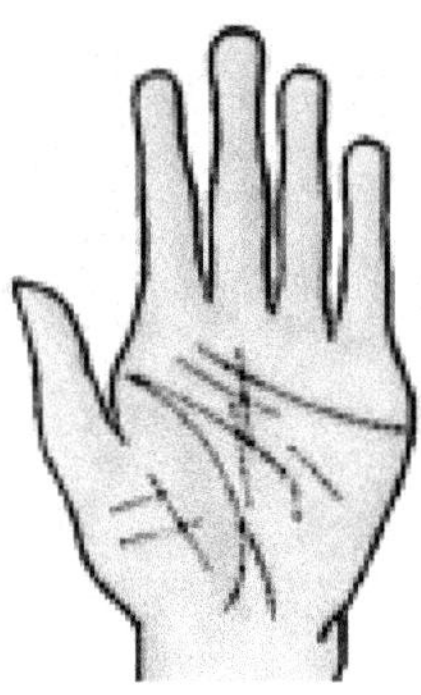

Mano di Nettuno

Appartiene al tipo della mano acqua e come tale si presenta stretta e lunga, ma con il monte di Venere molto evidente, numerose linee e soprattutto una vivace dinamica di segni particolari.

- E' la mano che esprime, attraverso estreme contraddizioni e radicali metamorfosi, l'irrequietezza dell'anima.

Da momenti mistici e alte spinte filosofiche e spirituali, il suo possessore passa a interessi di puro materialismo, esasperati spesso dalla presenza della linea lasciva (segnalata dalla freccia) e trattati inoltre a un basso livello, mentre da fasi di acuta ed elevata creatività precipita spesso nell'introversione e nell'apatia più nera.
Le sue capacità medianiche sono fra le più alte e nei suoi momenti intensi il monte della luna si colora di un rosa carico.

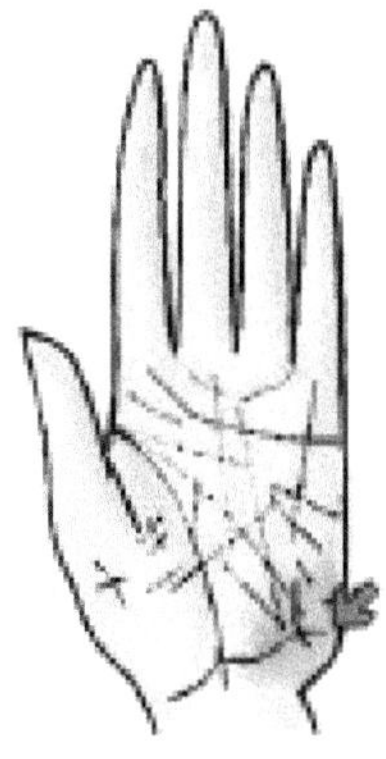

I Monti

I monti corrispondono alle parti carnose della mano e ognuno viene fatto corrispondere a un pianeta, compresi anche Sole e Luna, che pur non essendo tali, nell'antichità erano considerati alla stregua degli altri (oggi sappiamo che il Sole è una stella e che la Luna è un satellite).
I Monti rivelano lo stato psicofisico, la sensualità e le inclinazioni naturali della persona.

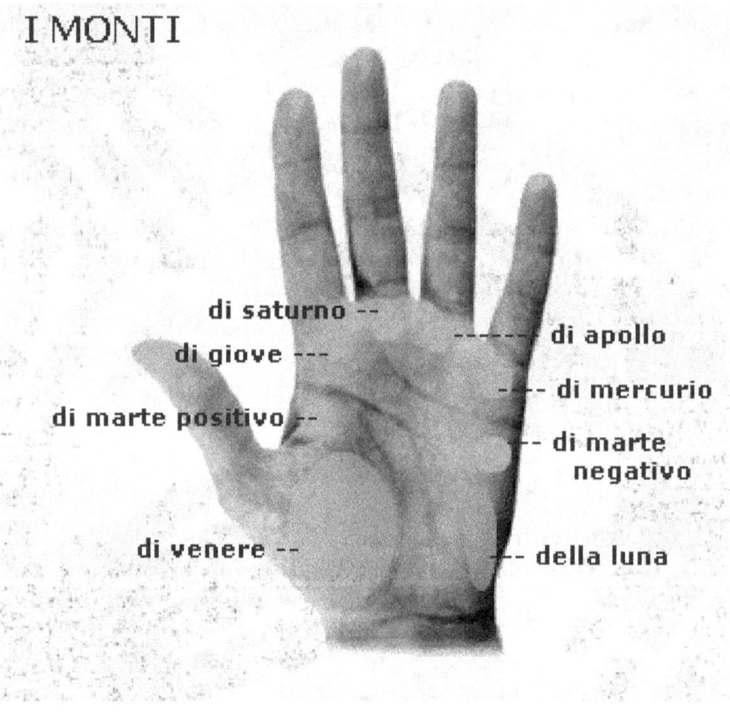

La loro prominenza sta a indicare che determinate attitudini e proprietà sono equilibrate, positive e ben espresse.
Quando il monte è, invece, depresso, cioè non è pronunciato, è indice di dispersione di energie e diminuzione di vitalità.

Quando è eccessivamente sviluppato, denota squilibrio e disarmonia delle peculiarità attribuite al monte. Quando è più prominente degli altri, significa che le qualità corrispondenti a quel monte prevalgono sulle altre.
Se il monte tende a spostarsi su quello vicino, vuol dire che sussiste una fusione delle qualità di questi due. Quando i monti sono lievemente prominenti o addirittura assenti, indicano che le qualità corrispondenti al monte si manifestano in senso negativo.

- Il monte può essere più o meno sviluppato, ma anche piatto.

Ovviamente "in medio stat virtus" cioè se il monte è piatto vuol dire che c'è carenza di determinate caratteristiche nella persona, se troppo sviluppato le caratteristiche tendono a esasperarsi e, quindi, a diventare negative, per cui la mano di una buona personalità prevede monti mediamente sviluppati.

Il Monte della Luna

Il Monte della Luna è legato all'immaginazione, all'intuizione e al mistero; si trova nella parte bassa della mano, opposto al monte di Venere, vicino all'attaccatura del polso.
Il nome scientifico è eminenza ipotenar.
Indica l'attitudine del consultante all'amore e all'amicizia, l'eventuale irrequietezza dell'animo e la volubilità.

- Se piatto è rigido denota la scarsa propensione ad amare.
- Se pronunciato indica una persona piena di carisma, di altruismo, che vive per amare e per essere amato.

Una griglia sul Monte della Luna indica malinconia o superficialità, egoismo e scarsa sensibilità.
Una stella posta su una linea trasversale indica che nella vita il consultante farà oppure ha già fatto un viaggio in mare.
Una croce indica una persona piena di fantasia che tende fuggire dal mondo reale.

Il Monte di Mercurio

Il Monte di Mercurio rappresenta la saggezza e la capacità di pensare.
E' posto alla base del dito mignolo.

- Se risulta pronunciato e ben visibile indica che il consultante è adatto al commercio, alle attività mediche, a quelle scientifiche oltre a tutte le professioni che richiedono facilità di parola.
- Se di forma piatta e rigida indica il contrario.
- Se manca del tutto, tali abilità possono risultare molto limitate e/o comunque non genuine.

Una stella oppure anche una croce sul monte di Mercurio è indice di attaccamento ai beni materiali.

Il Monte di Apollo

Il Monte di Apollo è principalmente legato all'emozione, all'interesse, alla ricchezza e alla visione della bellezza.
Posizionato alla base dell'anulare, è conosciuto anche come monte del Sole, determina la propensione al gusto e alla sensibilità, è il mondo dei creativi, degli artisti e dei poeti.

- Se piatto e rigido indica la mancata realizzazione delle proprie aspirazioni artistiche.
- Se pronunciato e morbido la pienezza della propria realizzazione artistica e professionale. Finanziariamente si è portati a cercare risultati nel mondo degli affari e si predilige un rapporto sentimentale con persone benestanti.
- Uno sviluppo eccessivo indica una personalità esibizionista per la quale risultano fondamentali gloria e ammirazione.

Una stella oppure un triangolo netto sul monte Apollo indicano successo, una linea disarmonica indica che il consultante pecca di un eccessivo esibizionismo, una griglia, invece, indica la presenza di ostacoli.

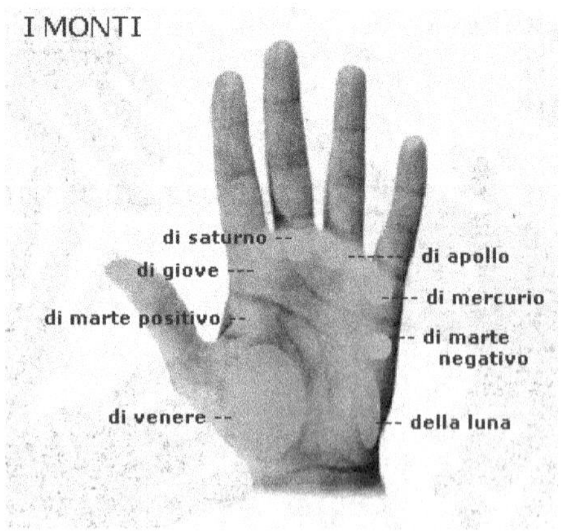

Il Monte di Saturno

Il Monte di Saturno è legato all'integrità e alla prospettiva delle cose.
Si trova alla radice del dito medio è denominato anche Monte del Destino, indica il senso morale e la propensione agli affari.

- Se il rilievo del monte è evidente, indica un forte senso morale e una buona predisposizione agli affari.
- Se il monte è rigido e piatto indica esattamente il contrario.
- Nel caso di un affossamento, significa che il consultante è dotato di una forte spiritualità.

Una croce sul monte di Saturno indica misticismo e predisposizione naturale per tutto ciò che è esoterico.

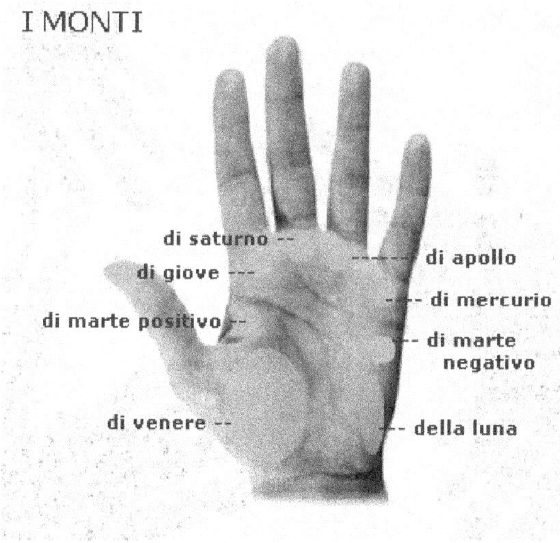

Il Monte di Giove

Il Monte di Giove è simbolo di forza di volontà, autorità, ambizione e rispetto di sé.

E' posto alla base dell'indice e ci svela le reazioni che abbiamo verso il mondo esterno; in astrologia Giove è il "grande Benefico", apporta buona fortuna e successo nella vita.

- Se pronunciato e morbido rispecchia una personalità forte, con predisposizione per i ruoli importanti.
- Sse troppo sviluppato, tuttavia, indica smodato desiderio di successo e sete di potere.
- Se piatto e rigido rispecchia un forte senso pratico.

Una croce di S. Andrea sul Monte di Giove comunica al chiromante che c'è un matrimonio coronato dall'amore oppure un'unione ben riuscita.

Una simbologia simile alla Y indica la fine di un matrimonio.

Una griglia indica ostacoli, difficoltà a raggiungere le proprie ambizioni.

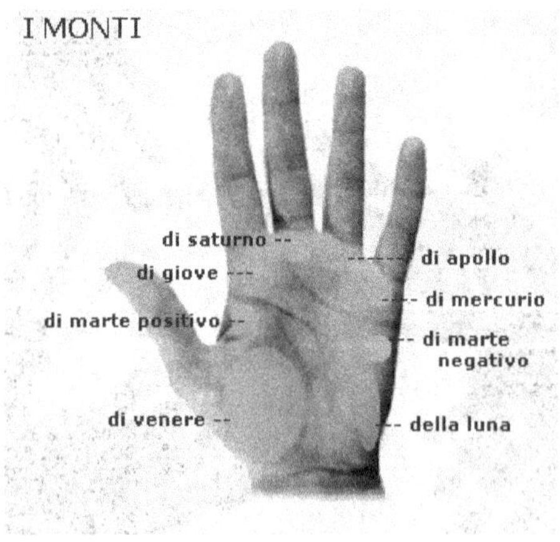

Il Monte di Venere

Il Monte di Venere è principalmente legato all'amore, alla salute e all'affetto.
Si trova alla base del pollice, il nome scientifico è eminenza tenar.
E' conosciuto come il monte della vitalità che effettivamente esprime nel senso più ampio del termine: rispecchia, infatti, il vigore, l'entusiasmo per la vita, la carica sessuale.

- Più il monte risulta gonfio e rosaceo e maggiori possono risultare queste qualità.
- Se la zona è davvero molto sviluppata, la persona manifesterà un desiderio esagerato di attenzioni e affetto, oltre che a uno smisurato egocentrismo.
- Un monte basso e schiacciato esprime un amore più tranquillo, tendenza alla riservatezza e a volte freddezza.

La presenza di linee su questo Monte indicano le sofferenze vissute, una griglia denota incostanza in amore ed una forte tendenza all'infedeltà.
Una stella, situata quasi alla base del pollice, rivela un amore difficile.
Una croce evidenzia un travolgente amore che influenzerà l'intera vita, se questa linea è ben delineata e netta; se le croci sono più di una, gli amori saranno altrettanto numerosi. Inoltre, più in basso si trova la croce più avanti negli anni sarà l'amore in questione.
Se presente un triangolo denuncia superficialità in amore e disordine nella vita affettiva.

- La valle di Nettuno è una depressione, che separa nettamente i monti di Venere e della Luna.

Manifesta il carisma di cui possiamo essere dotati, cioè quel potere straordinario di guida e di persuasione, che hanno alcune persone, capaci di proporsi come modello, per la fiducia e per l'ammirazione che riescono a suscitare tra la gente.

Tali caratteristiche sono presenti quando, a una pressione del pollice sulle parti interessate, queste sbiancano appena, per tornare subito compatte.

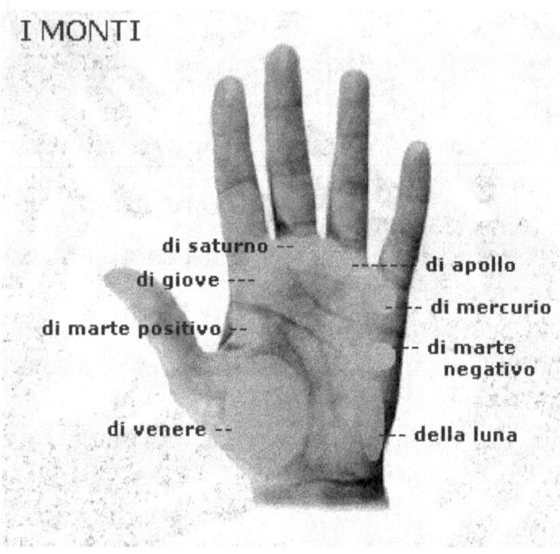

Il Monte di Marte

Il monte dedicato al dio della Guerra si distingue in Marte Interno o Positivo (tra il monte di Venere e Giove), Marte Esterno o Negativo (tra il monte della Luna e Mercurio) e Piana di Marte (al centro tra gli altri due).

- **Monte di Marte Interno**

Situato tra quello di Venere e di Giove, esprime il coraggio e la capacità combattiva che diventano aggressività quando è troppo gonfio. E' chiamato anche Marte Minore/ Inferiore o Marte Positivo ed è legato, quindi, al coraggio e all'avventura.
- Se questo monte è ben sviluppato e prominente, indica una persona molto coraggiosa, sana e avventurosa. Molti famosi soldati e generali di solito hanno questo tipo di conformazione.
- Se il monte sembra eccessivamente sviluppato, allora si tende a essere aggressivi.
- Se è posizionato in basso, indica un carattere timido e indeciso; pertanto, la persona ha poche possibilità di ottenere il successo in quanto non ha il coraggio di cogliere le opportunità anche se si presentano.

- **Monte di Marte Esterno**

Situato tra il monte di Mercurio e quello della Luna, rappresenta la forza d'animo, la tenacia e la capacità di resistenza alle pressioni. E' chiamato anche Marte Maggiore/Superiore o Marte Negativo e rappresenta principalmente l'autocontrollo e la resistenza.
- La persona con un forte Marte Esterno sulla tua mano è costante, perseverante e senza paura del pericolo. Inoltre, può sopportare le umiliazioni della vita. Il benessere è generalmente stabile, senza alti e bassi, poiché non gli piace rischiare i soldi.

- Se Marte Esterno appare eccessivamente sviluppato, allora si manca di coraggio, di solito sopportando ciò che non dovremmo sopportare.
- Se è piatto o posizionato troppo in basso, indica che un soggetto impetuoso ma di scarsa resistenza, che non riesce a mantenere la calma e risolvere i problemi con tatto.

- **La Piana di Marte**

È la zona pianeggiante al centro della mano indicativamente fra le linee del cuore e della testa.
Se questa zona è particolarmente piatta e i vari monti sono poco rilevati, a partire dai monti di marte inferiore e superiore, siamo in presenza di una persona dotata di poco coraggio di fronte alle avversità
È comune osservare che la Piana di Marte è incavata, non diventa mai troppo sporgente.
- Se è larga e piatta senza croci, è considerata un buon segno.
- Se è troppo bassa e anche gli altri Monti sono bassi, non è un buon segno. E' possibile che si soffra di carenza di vitalità e, perciò, nella vita risulta difficoltoso procedere nei propri progetti.

I MONTI

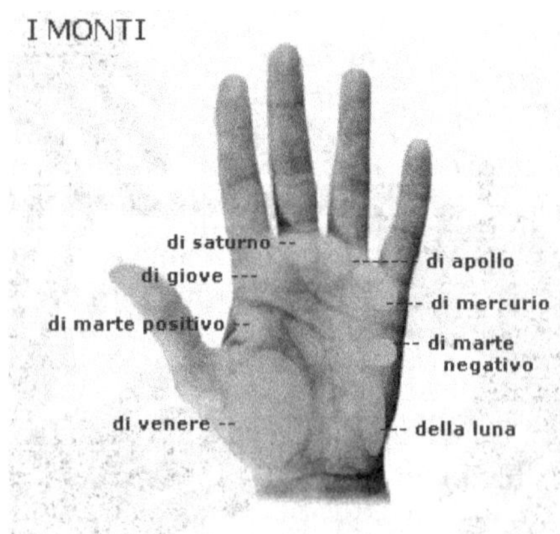

Le Linee

Sono i segni che solcano il palmo in varie direzioni e rappresentano l'elemento più interessante in quanto, sempre diverse da individuo a individuo, esprimono l'unicità e l'irripetibilità di ognuno di noi.
Raffigurano le strade che percorriamo nel corso della nostra vita con le sue difficoltà e gli inciampi del cammino, con i momenti di felicità e di fortuna, di gioie e dolori.
Sono tradizionalmente divise in principali; linea della vita, della testa e del cuore in quanto presenti su tutte le mani e secondarie: del destino, della felicità e dell'intuito in quanto spesso assenti.

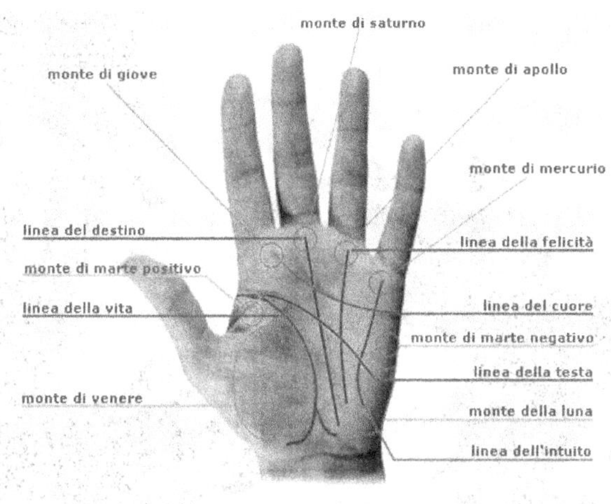

La Linea della Vita

La Linea della Vita comincia al margine della mano, tra il pollice e l'indice e descrive un arco verso il basso in direzione del polso.
Ha anche il nome di Linea Ereditaria perché da indicazioni circa lo stato di salute e la costituzione fisica.
Contrariamente a quanto si pensi, la sua lunghezza non è un'indicazione sicura di longevità, tuttavia, chi la possiede ben estesa e soprattutto marcata, avrà generalmente una vita sana e longeva.

- La linea della vita va letta dal basso verso l'alto.

L'inizio della linea può trovarsi più o meno vicino al pollice: più si avvicina al pollice, minore è l'importanza che l'individuo attribuisce all'ambizione e all'affermazione.
Una forma regolare senza segni, più ideale che riscontrabile, indica ottima salute, equilibrio, vitalità, normali appetiti sessuali, quasi una mosca bianca.

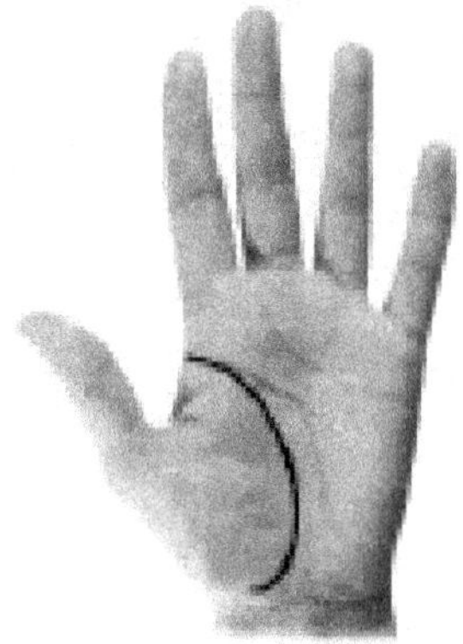

Più è ampia, marcata, lineare, senza sbavature, maggiore è la vitalità.

Se è stretta e profonda indica un temperamento introverso e incline alle preoccupazioni.

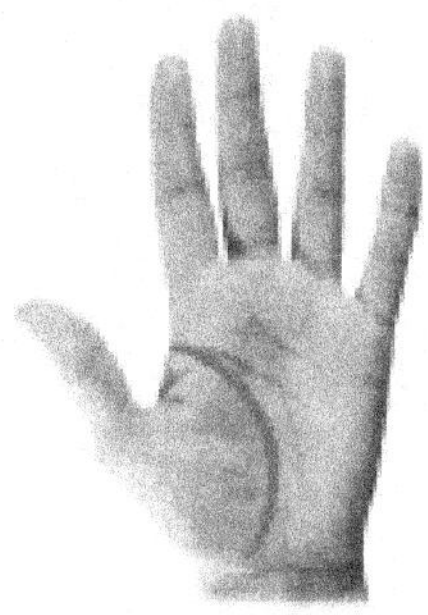

Se è irregolare, mal tracciata con alcuni tratti incerti, saremo infastiditi da continui piccoli disturbi, niente di grave, basterà che nei momenti no, prendiamo le cose con un ritmo più tranquillo.

Se è corta o presenta una frattura, forma che si porta fin dalla nascita, allora la situazione è più complessa; secondo la tradizione, categorica nei giudizi e tragica nelle conclusioni, era indice di morte improvvisa e violenta. Le odierne conclusioni, basate su studi più affidabili, escludono la tragedia anche se riconoscono una perdita di energia dovute a incidente, malattia o, più spesso, a una dolorosa separazione.

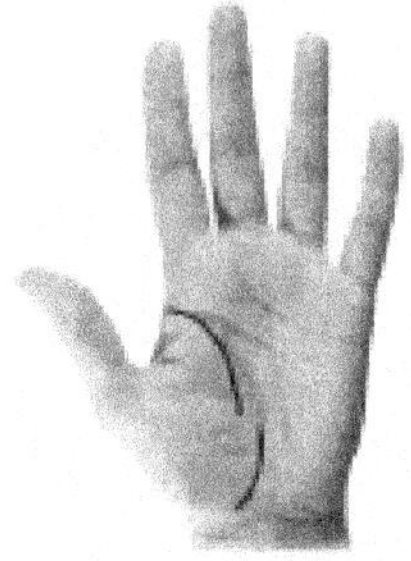

Se la parte finale si divide in tanti tratti sottili come il delta di un fiume, allora l'ultima fase della vita si dovrà misurare con una progressiva dispersione di energia che rallenterà le sue normali funzioni.

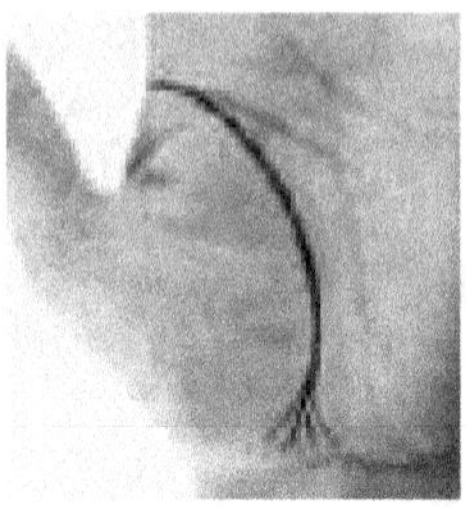

- Se l'origine della linea della vita è più vicina alla base dell'indice (Monte di Giove) che al pollice, l'influenza di Giove è maggiore e trasmette ambizione e fiducia di sé.
- Se inizia vicino alla nascita del pollice l'influenza di Giove è ridotta e aumenta la mancanza di fiducia in sé accoppiata a un eccessivo amore per la solitudine.
- Quando vi è equidistanza tra la base dell'indice e la nascita del pollice ciò esprime equilibrio nella personalità.
- Quando la linea si ripete ed è, quindi, doppia o ramificata è indice di potenza sessuale e vitalità.
- Infine il tracciato poco marcato e contemporaneamente sbiadito, indica salute cagionevole.
- Se la linea presenta una biforcazione vuol dire che la persona si troverà ad avere due possibilità tra le quali scegliere e l'una escluderà l'altra.

Se hai una linea che corre parallela a quella della vita all'interno del monte di Venere, allora sì, hai un angelo custode, una particolare protezione dall'alto che ha il compito di proteggerti da ogni rischio e pericolo e, in caso di malattia, ti aiuta a reagire con vigore e a riprenderti più in fretta.
E' pure un potente scudo contro cattiverie, invidia e malocchio, sentimenti che le persone fortunate, e l'angelo custode è una fortuna, si tirano addosso facilmente.

Se è continua e regolare, la vigilanza è costante; se si presenta più corta o tratteggiata, la tua "difesa superiore" si prende qualche momento di vacanza.
Se la linea non c'è, pazienza, dovrai camminare solo con le tue gambe.

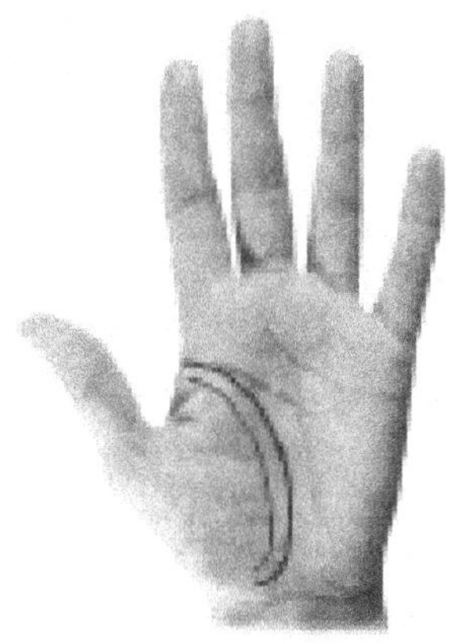

La Linea della Testa

Questa linea delinea i segni relativi all'intelligenza, all'attenzione, alla memoria e alle attitudini mentali in generale.
Se la linea è curva è associata alla creatività e alla spontaneità, mentre nel caso fosse dritta, la persona avrà un approccio strutturato e pratico alle cose.

- Suggerisce, quindi, se l'individuo è incline alla creatività e all'immaginazione o se si tratta di una persona logica e razionale.

Inizia sotto il monte di Giove, alla base dell'indice, e si snoda fino al taglio della mano.

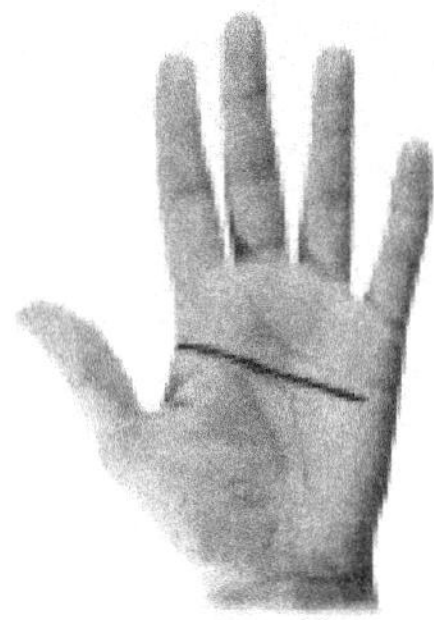

Nel caso in cui la linea è legata a quella della vita si avrà a che fare con una persona che non ha molta fiducia in se stessa e ha bisogno di conferme; se, invece, è ben staccata il soggetto è molto orgoglioso ed è autosufficiente.

- La posizione migliore per questa linea è quella in cui essa tocca la linea della vita per meno di un centimetro, poiché identificherà una persona in grado di calibrare l'audacia e la ponderazione.

Se è dritta, la fantasia non è certo il nostro forte: siamo lucidi calcolatori, abili speculatori capaci di sfruttare al massimo le situazioni per ricavarne il maggior profitto possibile.

Se la linea ha andamento orizzontale indica una propensione alla logicità, alla praticità, alla capacità analitica e anche buona memoria.

Quando poi, nell'ultimo tratto, si dirige verso l'alto puntando alla base del mignolo, possiamo con sicurezza dedicarci alle professioni che maneggiano denaro, meglio se altrui.

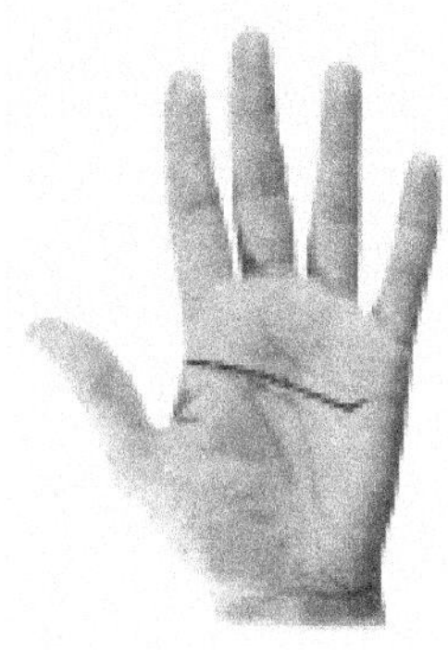

Se curva verso il basso, allora prevalgono fantasia e immaginazione.
Quando s'immerge nel monte della Luna dedichiamoci allo studio del passato, storia antica, archeologia, ogni genere di ricerca che riguardi le lontane radici dell'uomo: ci può aspettare una vita avventurosa alla Indiana Jones.
Se troppo movimento ci stanca anche solo a pensarci, letteratura e filosofia sono la nostra strada; da tenere in considerazione anche lo studio dell'architettura, più concreta e costruttiva.

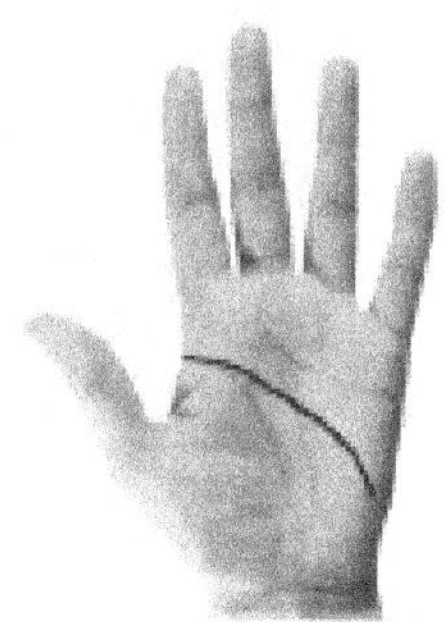

Se curva in basso, ma verso il centro della mano nella valle di Nettuno, abbiamo la linea dello scrittore o del giornalista: curiosità verso ciò che ci circonda e spirito d'osservazione sono i punti di forza che ci portano al desiderio e alla capacità di raccontare.

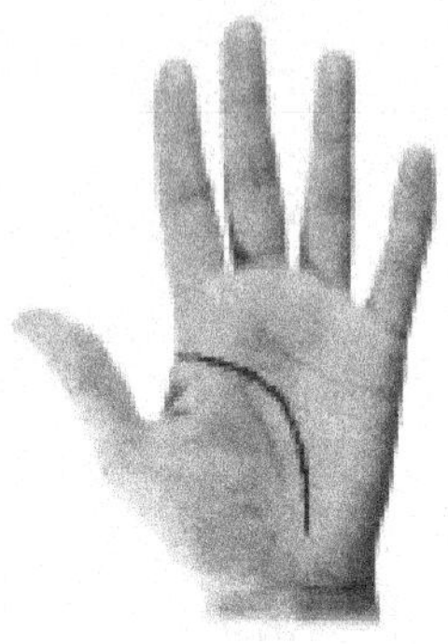

- Una linea corta è indice di sicurezza, mentre lunga suggerisce grande tendenza artistica.
- Una biforcazione finale oltre alla creatività indica anche un ottimo istinto per gli affari.
- La linea se ondulata sta a indicare una mente incapace di soffermarsi troppo a lungo sullo stesso argomento e facile alla distrazione.
- Una linea poco marcata e sottile indica scarsa capacità di concentrazione; se invece è troppo profonda segnala inclinazione al perfezionismo, con atteggiamenti di minuziosità e cavillosità.
- Un tracciato irregolare e discontinuo denuncia una volontà debole e influenzabile dalle opinioni altrui, unitamente a scarsa memoria e tendenza alla depressione.
- Se la linea della testa inizia dalla linea della vita all'altezza del dito medio, significa che la persona è introversa e molto attenta; inoltre è segno di diligenza e dedizione sul lavoro.

- Se la linea della testa parte dalla linea della vita, ma verso il centro del palmo, la persona è molto riflessiva, spesso pensa troppo e trova difficile prendere decisioni.
- Se la linea della saggezza e la linea della vita sono separate e distinte dall'inizio alla fine, significa che la persona è molto sicura, sa cosa vuole e si sa adattare ai cambiamenti.

La Linea del Cuore

La linea del cuore parte tra l'indice e il medio e fornisce indicazioni sulle capacità affettive e sull'amore, ma fornisce indicazioni anche su amicizia e disponibilità all'altruismo; è la chiave che aiuta a comprendere la qualità dei sentimenti più profondi e il modo in cui ognuno di noi si relaziona agli altri.
La linea del cuore può essere letta dal mignolo all'indice o viceversa.

- Nel suo tracciato rivela il tipo di sensibilità, la natura dell'amore, le aspettative e la capacità di dare in ogni rapporto nel quale entrano scambi emozionali.

Può cominciare da sotto il dito indice indicando una persona molto romantica; sotto il dito medio, invece, indica una persona dominante ed esigente.

- In genere si ritiene che la prima posizione sia tipicamente femminile mentre la seconda maschile.

La vicinanza tra questa linea alla linea della testa è indicativo della capacità del soggetto di equilibrare razionalità ed emotività; una linea del cuore ideale dovrebbe apparire chiara, nitida, senza interruzioni, né linee che la intersechino in maniera brusca.

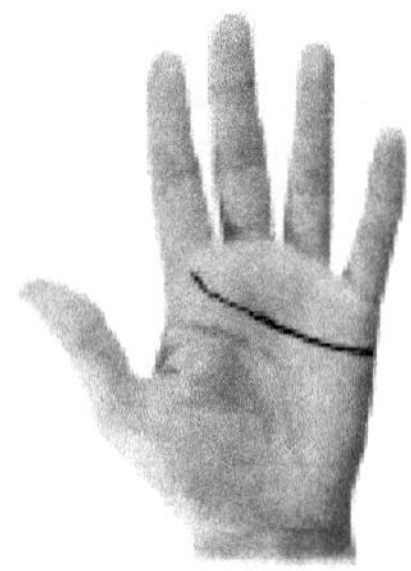

La linea della testa e quella del cuore formano con i loro percorsi il cosiddetto quadrangolo: quando lo spazio tra le suddette è piuttosto ampio il soggetto è generoso e tollerante, mentre se limitato indica una persona introversa e individualista.

Se termina curvando sul monte di Giove alla base dell'indice, allora siamo dei romantici sognatori, coloro che si presentano con il fiore in mano, quelli che idealizzano il proprio amore ponendolo su di un piedestallo. Ottimo fin che dura, ma quando scopriamo che il nostro adorato è solo un comune mortale, allora l'amore s'incrina, a ogni disillusione le crepe si allargano e la passione inesorabilmente si spegne.

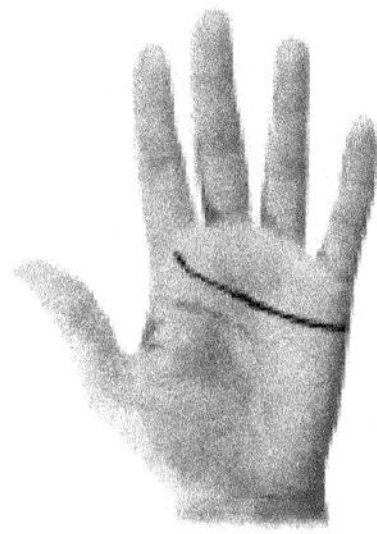

Quando la linea si chiude sul punto d'incontro tra l'indice e il medio, le coccole diminuiscono, non perché l'affetto sia meno profondo, ma perché è bilanciato da una visione più pratica e concreta; siamo meno espansivi e per nostra natura preferiamo dimostrare i sentimenti attraverso fatti materiali e tangibili, piuttosto che con dolci parole. Questo ci permette di costruire, mattone su mattone, una solida casa in grado di resistere a tutte le intemperie.

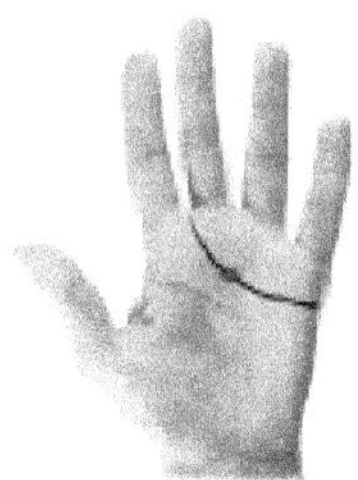

Quando la linea curva bruscamente e si chiude nel mezzo del monte di Saturno alla base del medio, allora la ricerca di emozioni si realizza più nell'appagamento dei sensi che nella comunione dei sentimenti. La nostra soddisfazione è legata maggiormente a relazioni passeggere che non creano legami impegnativi e non richiedono responsabilità nei confronti del partner; il problema è dell'altro, che se vuole reggere il rapporto spesso faticoso, deve assumere il ruolo di guida materna e tollerante.

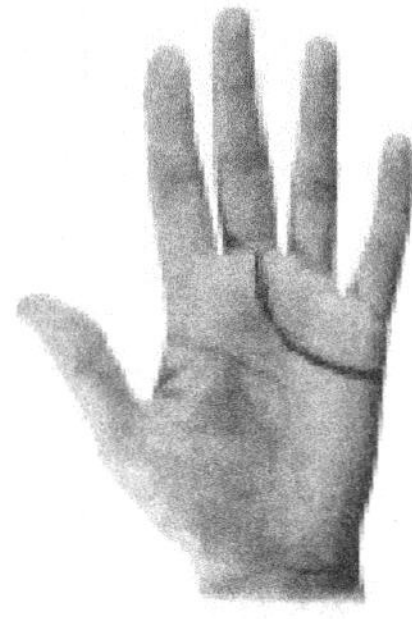

Quando la linea termina dividendosi in tre rami, che le danno l'aspetto di un tridente, allora l'amore è fortuna e successo perché raccoglie le diverse caratteristiche positive espresse dalle altre linee, fonde sentimento e ragione, sensibilità e senso pratico e permette al suo possessore di armonizzare con ogni altro tipo del quale riesce a percepire le vere necessità.

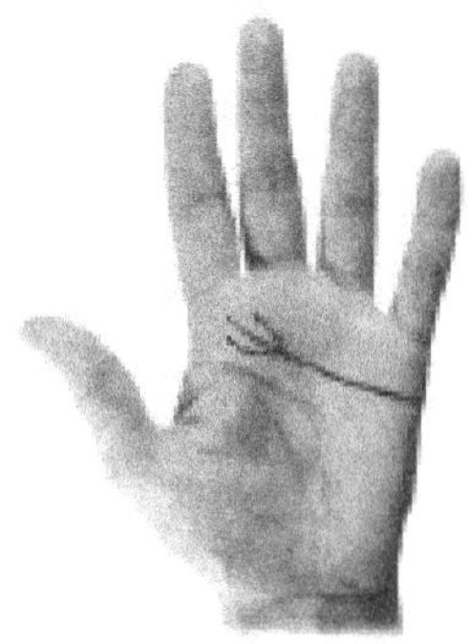

Quando la linea è dritta e attraversa l'intero palmo da una parte all'altra, allora l'amore diventa senso di responsabilità e protezione, è l'ombrello aperto che ripara da rischi e pericoli coloro ai quali va il nostro affetto. La vera felicità sta in questa missione che il destino ci ha affidato e che si estende agli amici, al gruppo e quant'altro ancora, del quale ci sentiamo responsabili al punto di sacrificare la vita famigliare più stretta e intima. Protezione, ma anche senso della proprietà, e quando qualcuno tenta di sottrarsi al nostro abbraccio a volte troppo soffocante, allora si scatenano gelosie e sussulti d'orgoglio subitamente superati perché i compiti che sentiamo di dover svolgere sono più importanti.

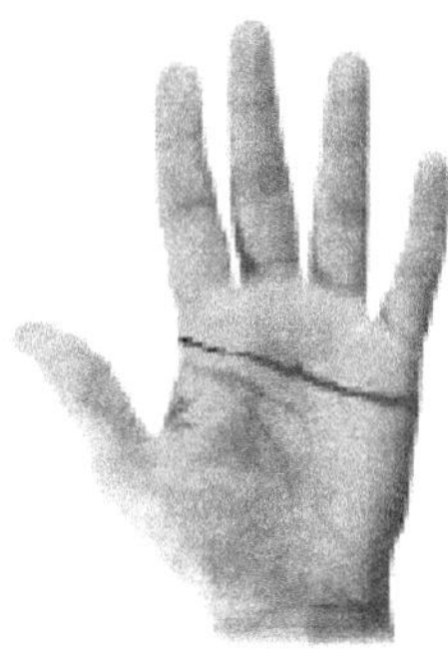

- Una linea regolare e ben tracciata indica generosità, bontà d'animo, sensibilità e, quindi, una spiccata propensione ai rapporti interpersonali, oltre a una certa facilità nell'essere appagati a raggiungere nelle relazioni sentimentali.
- Una linea irregolare rivela al contrario amori discontinui e mancanza di equilibrio affettivo; se essa risulta invece spezzata, può essere indice di infedeltà in amore.
- La presenza di una linea del cuore molto lunga, che attraversa la mano in senso orizzontale, denuncia aridità d'animo e irascibilità; se essa risulta ancora più lunga e sorpassa il taglio della mano, indica un temperamento molto passionale, facile preda della gelosia.

- Una linea corta segnala invece la presenza di una mente razionale e calcolatrice e poco propensa alle passioni amorose.
- Infine, se è dritta, rivela freddezza e poca apertura nei confronti del sentimento, se molto ricurva può evidenziare eccessi di sensibilità e di sentimentalismo.
- Se la linea dell'amore e la linea della vita si incontrano, significa che la persona si sente spesso ferita e non ha un buon controllo delle emozioni.

La lettera "M"

Guardando le pieghe della nostra mano possiamo controllare se queste formano la lettera "M"; in questo caso, secondo la chiromanzia, potremmo essere una persona speciale.

- La linea del cuore, quella della testa e quelle della vita possono dare luogo a questa combinazione.

Chi è caratterizzato da questo tratto somatico ha una grande intuizione, oltre che grande perspicacia e soprattutto intelligenza brillante. Chi ha la lettera "M" sulla mano possiede un dono: capire se la persona che ha davanti sta mentendo. La persona che possiede questa caratteristica, inoltre, mente poco e odia essere preso in giro. È dotato inoltre di grande intraprendenza ed è un osso duro.

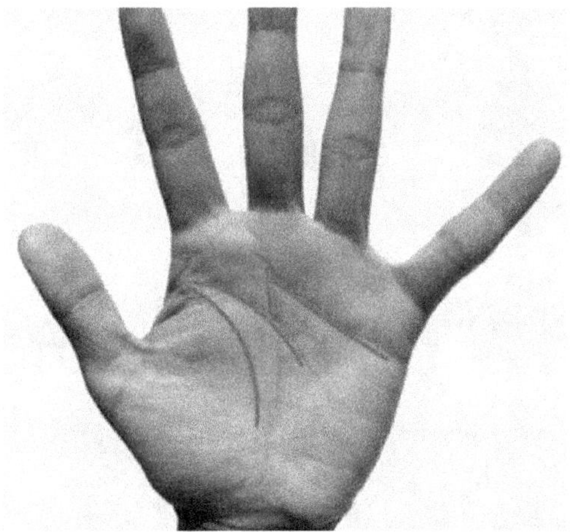

Tale tratto è maggiormente spiccato nelle donne che negli uomini, ma è un tratto che caratterizza fortemente entrambi.
Chi ha questa caratteristica, è molto sincero e allo stesso modo pretende sincerità, inoltre, è dotato di grande intraprendenza ed è molto caparbio ed estremamente determinato.

Queste persone sono, per questo, ottimi partner sia sul lavoro sia in campo relazionale; tuttavia, non si fanno raggirare e ingannare con facilità grazie alle loro speciali doti.
Non perdono mai occasione per migliorare nella loro vita e amano mettersi in gioco costantemente.
Tutti quelli che hanno la "M" sul palmo della mano, sono ottimi leader e godono di buona fortuna grazie alla loro particolare inclinazione.

- Tuttavia, tutte queste caratteristiche sono molto rare e poco diffuse, se voi o qualcuno a voi vicino le possiede deve ritenersi davvero molto fortunato e speciale.

Il significato è identico sia per chi ha questa lettera su una sola mano, sia in chi ce l'ha su entrambe le mani; naturalmente, in caso di una sola mano con questo simbolo, si dovrà vedere nella chiromanzia il significato dell'altro simbolo: entrambi agiranno in sinergia.

La Linea del Destino

La Linea del Destino inizia sopra il polso e si estende in verticale fino alla base del dito medio; tra le secondarie è la più importante, non a caso si chiama anche "Linea della Fortuna", e nella forma ideale nasce vicina al polso raggiungendo senza interruzioni la base del dito medio.
E' la via che conduce al successo, senza ostacoli e di sicuro risultato: esprime la capacità di un percorso che si adatta alle situazioni, che sa cogliere i momenti opportuni, che vive in armonia con l'ambiente esterno.
Può assumere diversi tracciati e diverse lunghezze, spesso si presenta spezzettata con tratti che si sovrappongono tra loro.

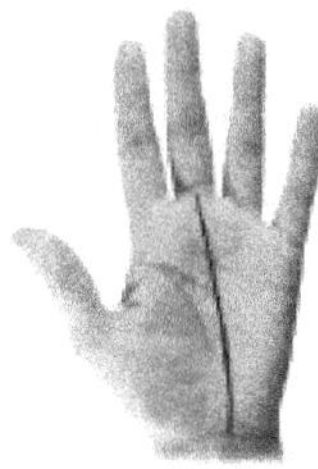

Questa linea rappresenta notoriamente la carriera e il grado di successo raggiunto nella propria esistenza professionale, oltre all'attitudine individuale ad assumersi le responsabilità e ad affrontare efficacemente situazioni impegnative.
Considerando che la sua presenza non è rilevabile in tutte le mani, la sua mancanza può indicare una vita senza particolare rilievo professionale; quindi, se non c'è, pazienza, il successo non è escluso, ma dovremo contare solo sulle nostre forze.
La presenza, che non è da escludere, di due linee del destino, distinte e parallele, sta a indicare la duplicità di interessi che coinvolge il soggetto: la sua personalità gli imporrà costantemente di coltivare le sue due passioni e attitudini, il che però all'atto pratico è sempre difficile.

Quando nasce dal monte di Venere la nostra forza è l'intraprendenza, la vitalità e l'entusiasmo.

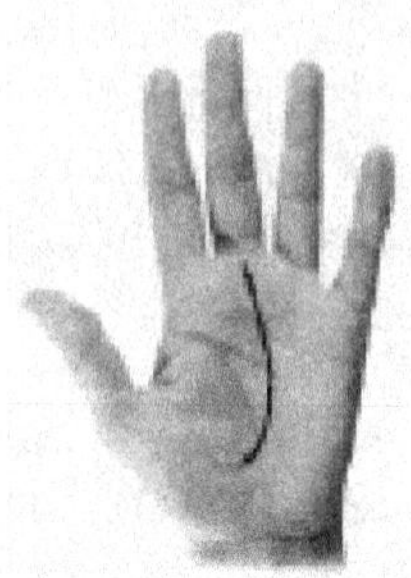

Se nasce dal monte della Luna siamo ricchi di immaginazione, estro e creatività.

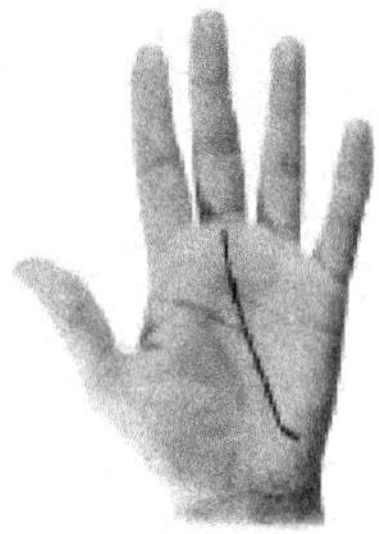

Tratti paralleli alla linea principale indicano momenti particolarmente favorevoli: possiamo correre anche qualche rischio perché le probabilità di successo sono elevate.

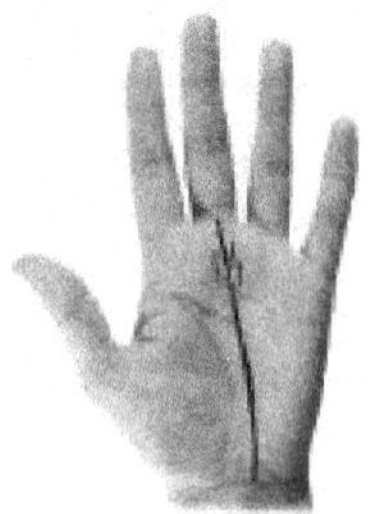

Una linea spezzettata, ma regolare nella sua lunghezza, dà lo spirito eclettico di chi ha mille interessi da sperimentare: prepariamoci a una vita dinamica e piena di cambiamenti.

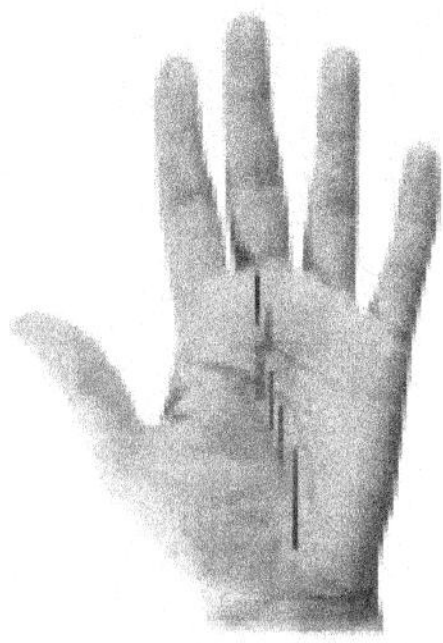

- Se la linea risulta sottile si avrà una particolare predisposizione ad assorbire le situazioni dettate dalla sorte.
- La minore o maggiore intensità della linea è proporzionale al potenziale di libero arbitrio del soggetto e alle facoltà di iniziativa in campo imprenditoriale.
- I possibili accavallamenti dei vari tratti che la compongono suggeriscono che la persona tende ad annoiarsi subito e, di conseguenza, cerca sempre nuovi stimoli e interessi.
- Quando questa linea si congiunge con quella proveniente dal monte della Luna, evidenzia che la persona è incline a intraprendere una carriera nel mondo dello spettacolo poiché ha un buon rapporto con il pubblico e con la gente in generale.

La Linea della Felicità

Nasce nella parte bassa del palmo e si snoda verso l'alto fino a raggiungere il monte di Apollo alla base dell'anulare.
La linea della Felicità rappresenta l'armonia e l'ottimismo raggiunti con se stessi ed esprime la capacità di godere delle soddisfazioni che la vita può offrire.

Se si presenta diritta, estesa e senza interruzioni, indica la presenza di ottimismo, solarità e simpatia, evidenziando grandi amori (passati e/o futuri) e soddisfazione sia nel campo spirituale che materiale della vita.

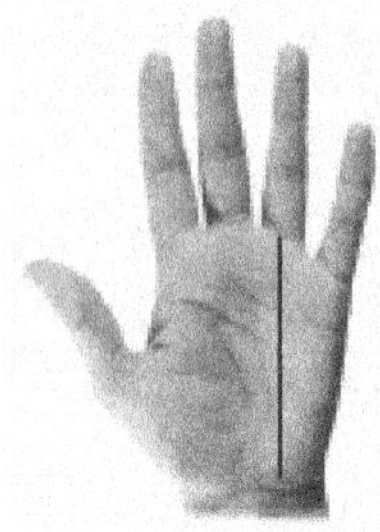

Se risulta formata da numerosi tratti affiancati e paralleli, allora siamo in presenza di persone versatili, dotate di talenti anche diversificati, sia pur non necessariamente sviluppati a livello professionale.

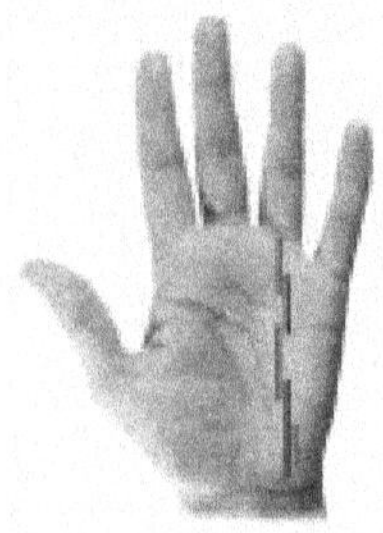

Se appare tratteggiata, allora la felicità non sarà una costante della nostra vita che vedrà alternarsi momenti di gioia e vitalità, unitamente a momenti di sfiducia e pessimismo.

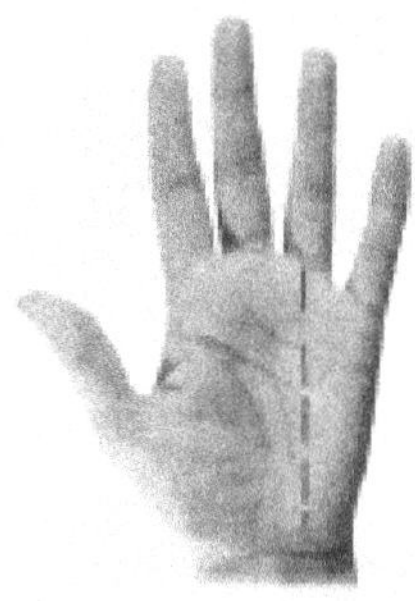

Se si evidenzia solo nell'ultimo tratto sul monte di Apollo, oltre la linea del cuore, allora la soddisfazione di ciò che abbiamo costruito è una meta che raggiungeremo tardi e con maggior fatica, ma la sua intensità sarà sufficiente a ripagarci dei nostri sforzi.

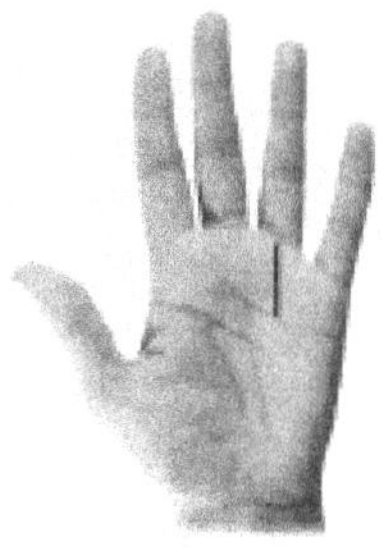

La sua presenza può non rivelarsi in alcune mani: in tal caso non significa necessariamente povertà di talenti o un destino povero di successi, infatti, questi possono, comunque, arrivare senza tuttavia comportare la soddisfazione e il grado di felicità raggiungibile in altri soggetti.

La Linea dell'Intuito

La linea dell'intuito inizia nella parte bassa del palmo e conclude il suo percorso alla base del mignolo.
Esprime una forma di sensibilità che permette di ricevere le vibrazioni che arrivano dall'esterno e di captare sensazioni altrimenti impercettibili per altri.

Se la linea nasce in prossimità del monte di Venere, l'intuito risulta essere un impulso naturale legato al nostro aspetto più terreno e animale.

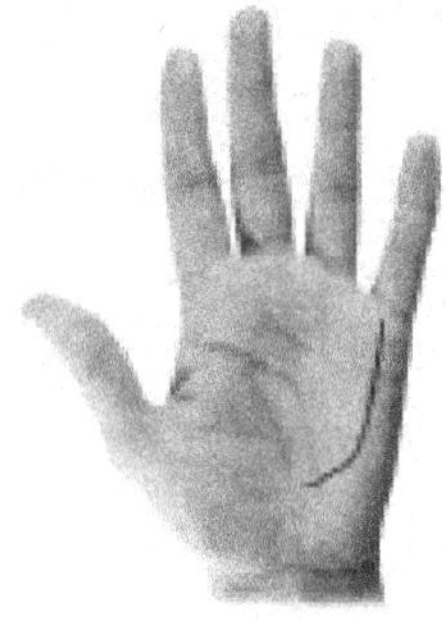

Se nasce vicino al monte della Luna, l'intuito acquista un carattere più astratto, legato all'immaginazione e alle facoltà di preveggenza.

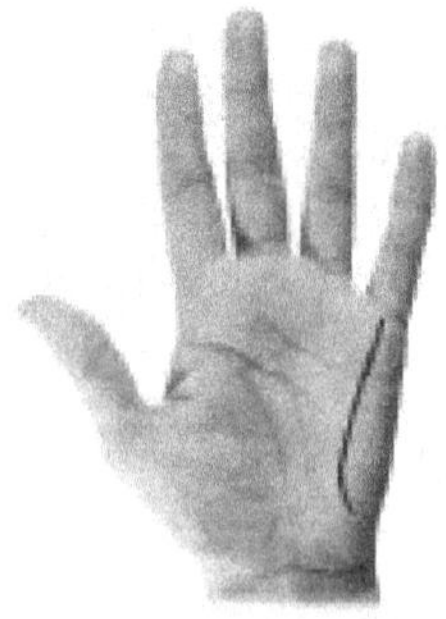

La presenza della linea indica comunque predisposizione negli affari e in tutti i campi professionali in cui è fondamentale l'intuito, perché ci permette di prendere decisioni adeguate facendo affidamento, oltre che sulla logica, anche su percezioni irrazionali.

Se questa linea risulta incompleta o mal tracciata, può indica un impoverimento di questa capacità.

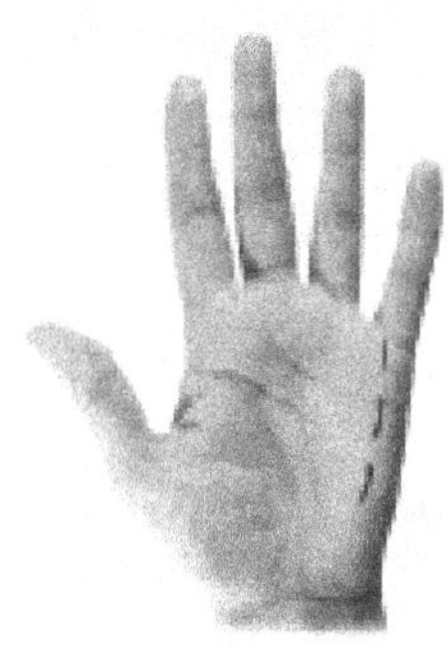

La Linea Simiana

Quando le linee del cuore e della testa coincidono o tendono a coincidere la linea si chiama simiana.
Il termine viene dal latino sīmĭa (scimmia), perché in alcune scimmie è stata trovata una sola linea nel palmo.
La presenza della linea simiana è associata a numerose sindromi genetiche: compare in chi ha la sindrone di Down (50% dei casi), la sindrome di Patau (60%), la sindrome di Edward (30%) e la sindrome del grido di gatto (90%).

- Gli individui sani con linea simiana sono una percentuale minima della popolazione mondiale, circa l'1-2%.

La scienza non è ancora riuscita a stabilire se in questi casi la presenza della linea simiana sia da considerarsi un mero accidente oppure no; la linea simiana si presenta in una persona su trenta ed è molto più comune negli uomini che nelle donne.

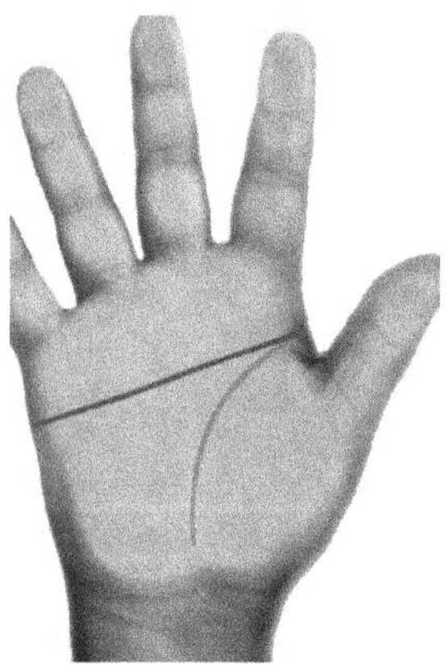

Quasi tutti i chiromanti concordano nell'affermare una cosa molto semplice: chi ha la linea simiana non riesce a tenere separate razionalità ed emotività; questa caratteristica può portare a vivere in modo particolarmente appassionato e intenso qualunque cosa, ma può condurre anche al fanatismo e alla follia.

- Viene individuata come un segno molto fortunato che denota grande capacità di concentrazione mentale, potenza di immaginazione e secondo la tradizione può portare, a volte, anche alla chiaroveggenza.

La linea si può avere in entrambe le mani, ma anche solo in una delle due.
Varie sono le persone famose che hanno almeno una linea simiana: Thom Yorke, Armin van Buuren, Tony Blair, Hillary Clinton, Robert De Niro, Buddha, Nick Rhodes, Rasputin, Rainn Wilson.

La vincita annunciata

E' la linea che annuncia una vincita al gioco, di quelle consistenti che di colpo stravolgono l'esistenza tingendo di rosa il futuro.
Molto lunga e sottile, nasce dal monte di Venere e, attraversando il palmo in tutta la sua larghezza, entra in quello di Mercurio alla base del mignolo.

- Deve essere regolare, non avere interruzioni né segni che intralcino il suo cammino: per questi motivi, e perché può apparire e sparire in pochi giorni, meglio cercarla con una lente d'ingrandimento prima di costruire rovinosi castelli in aria.

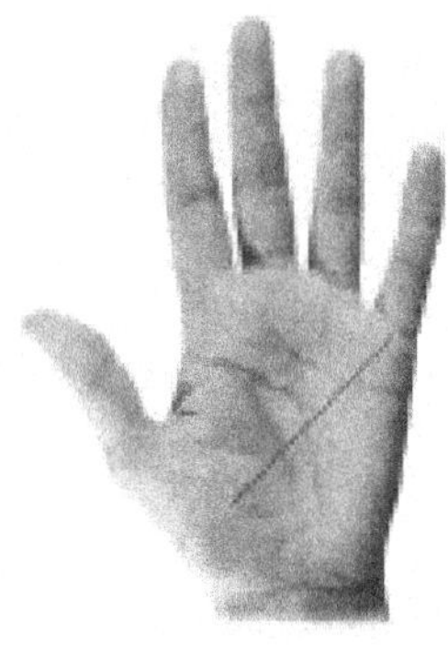

La Linea dell'Eccesso

E' la linea che unisce in un unico tratto quella del cuore e della testa fondendo insieme emozioni e ragione.

Allora sei una persona in perenne intimo conflitto, con un temperamento eccessivo e impetuoso in ogni tua manifestazione.

Quando ami, tutta l'energia si rivolge all'amore, quindi, devozione e passione totale; quando ti dedichi ad altro hai un'ottima capacità di isolamento e concentrazione che può arrivare alla chiaroveggenza.

Peccato che chi ti frequenta incontri qualche difficoltà nel capire i tuoi improvvisi cambiamenti d'umore e nel seguirti nei funambolici salti da un polo all'altro.

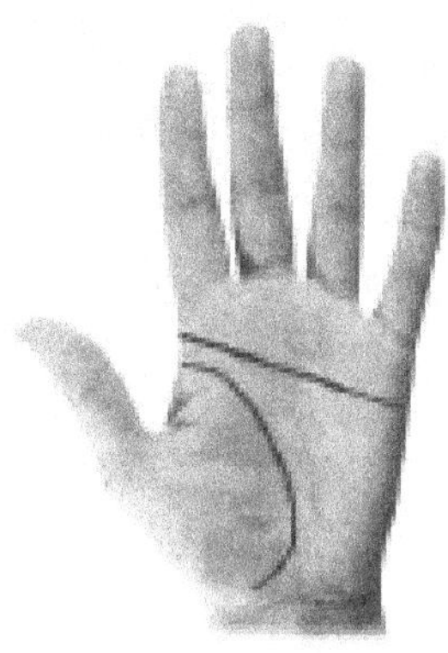

La Linea "Calda"

E' una breve linea orizzontale, definita via lasciva, che unisce, nella parte bassa della mano vicino al polso, il monte di Venere con quello della Luna entrando decisamente in quest'ultimo.
 Assume forme diverse e può presentarsi come un tratto orizzontale dritto, curvo o ondulato.

- Il nome è stato deciso dagli antichi chiromanti che avevano riscontrato comportamenti libertini in coloro che possedevano tale linea.

Il significato che si tende a dare oggi non si discosta molto dalla vecchia interpretazione, anzi, addirittura ne amplia il concetto: la sua presenza, infatti, segnala sì la ricerca di emozioni forti e trasgressive nel campo specificamente sentimentale ed erotico come gli antichi intendevano, ma a questo si aggiunge l'esigenza di intense sensazioni nei vari interessi che la vita offre e per potenziarli non disdegna l'aiuto di alcol e droghe.

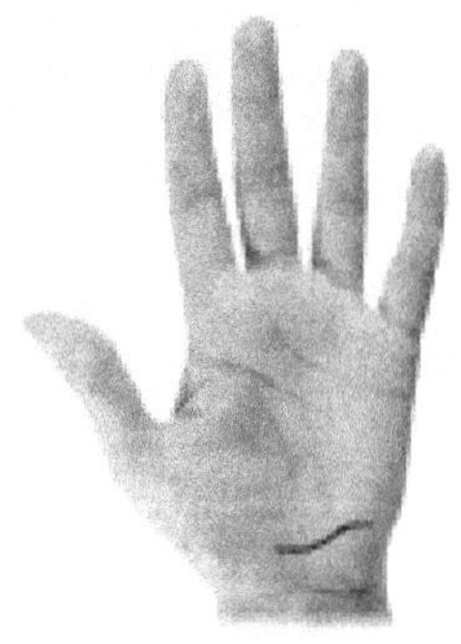

La linea del Matrimonio

La linea del matrimonio parte indicativamente sopra l'inizio della linea del cuore.
Una persona probabilmente avrà più di una linea; forse anche quattro o cinque, ma questo non significa necessariamente che vi saranno altrettanti matrimoni. Indicano, piuttosto, le relazioni che segnano profondamente l'individuo. Saranno le esperienze sentimentali, dolci o amare, che verranno ricordate per tutta la vita.

Ciascuna linea indicherà, in base alla profondità e alla lunghezza, quanto è stato profondo il segno lasciato dalla persona incontrata.
Una scala temporale molto approssimativa si può dedurre osservando se la linea in questione è vicina alla linea del cuore (la giovinezza) o vicino alla giuntura del dito (età avanzata).

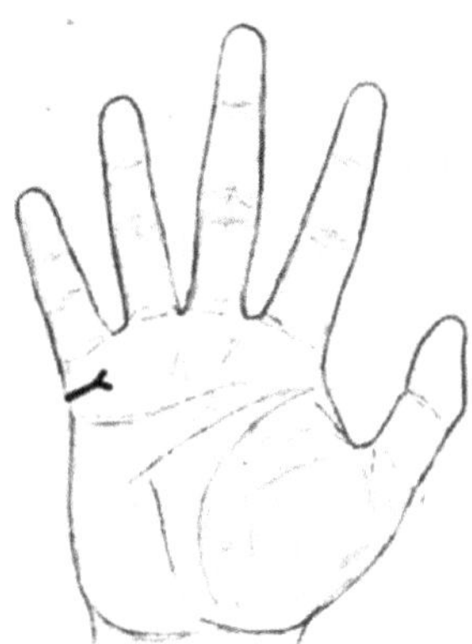

- Se al termine della linea del matrimonio è presente una biforcazione, ciò indica che i contrasti di opinione nella coppia sono imperanti e questo comporta la separazione o il divorzio. La lunghezza dei due rami della biforcazione influenzano l'intensità del contrasto tra i coniugi: maggiore è la lunghezza, maggiore è il contrasto.

- Se è presente una lineetta verticale che taglia la linea del matrimonio questa sarà influenzata da difficoltà emotive ed economiche che contrasteranno la vita coniugale la quale potrebbe terminare se i coniugi non sapranno fare fronte comune alle difficoltà.

- Se due linee parallele sono vicine tra loro e della medesima lunghezza ciò indica due relazioni importanti in contemporanea, in conflitto tra loro, fino all'esclusione di una a favore dell'altra, con un divorzio e un nuovo matrimonio. Le due linee vanno osservate attentamente: per avere medesima importanza debbono essere dello stesso colore e profondità; infatti, se una delle due non è profonda o ben colorata, rappresenta una relazione d'affetto o un sentimento non amoroso.

- Un'isola sulla linea del matrimonio indica discussioni e litigi che possono portare a una separazione coniugale; la posizione dell'isola sulla linea indica il periodo di difficoltà: se è all'inizio della linea, le problematiche sorgeranno all'inizio del matrimonio, se è alla fine avverranno al termine della vita coniugale.

- Una linea di influenza sale dal Monte della Luna e attraversa la linea del Destino. Se una linea di influenza che nasce nel Monte della Luna sale e incontra la linea del Destino, questo è un buon auspicio e indica che il matrimonio sarà felice e positivo. Tuttavia, se la linea di influenza attraversa e taglia la linea del Destino, questo indica che presto la relazione si concluderà o ci sarà un allontanamento e una pausa di riflessione se continuare la relazione affettiva.

La Linea del Sole

La linea del Sole è una linea della mano breve e parallela alla linea del destino e ci mostra principalmente la capacità, il talento e la popolarità che possono portare al successo.
Quindi, è anche chiamata la linea del successo.

- In generale, una lunga linea del Sole è migliore di una corta e le persone con una linea del Sole sono più dotate di talento; inoltre, è considerata una linea sorella della linea del Destino che potrebbe sostenerla e valorizzarla, in quanto linea verticale di espressione.

La linea del Sole o linea di Apollo è una delle linee secondarie nella lettura del palmo; è così chiamata perché ha origine dal Monte della Luna (situato sulla base del palmo, lato mignolo) e sale verso l'alto fino al Monte del Sole (situato sotto l'anulare che è anche chiamato il dito di Apollo).

Se parte dalla base del palmo e prosegue dritta fino in cima, si pensa sia di buon auspicio; indica una buona fortuna per ricchezza e matrimonio.

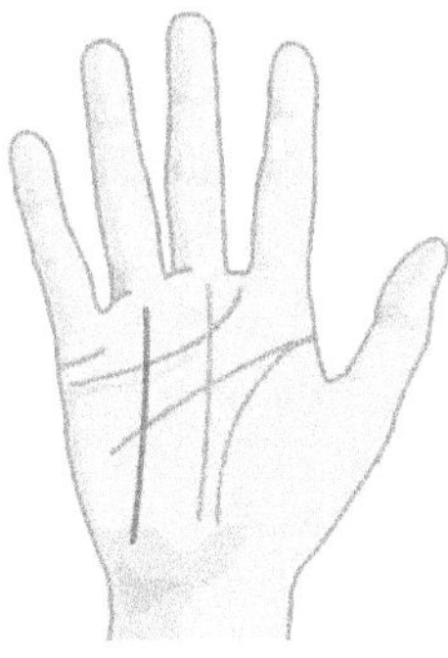

Se parte dalla base del palmo e termina al centro della mano, mostra un grande successo nella giovane età e un declino dalla mezza età. Ciò potrebbe essere causato dalla soddisfazione per lo stato attuale, che, quindi, fa smettere di fare grandi sforzi nella vita dalla mezza età.

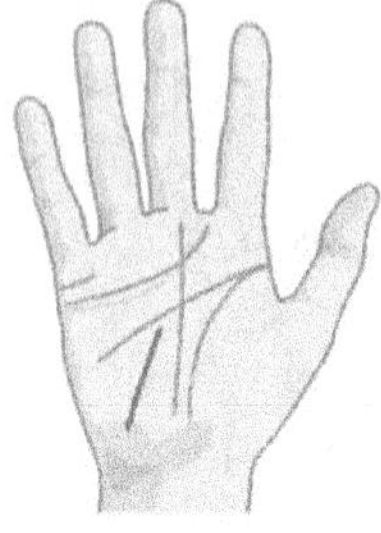

Se la linea del sole inizia dal Monte di Venere (la porzione del palmo circondata dalla linea di vita alla base del pollice) e si estende fino alla base dell'anulare, indica possibilità di guadagno, ricchezza e fama con l'aiuto della famiglia.

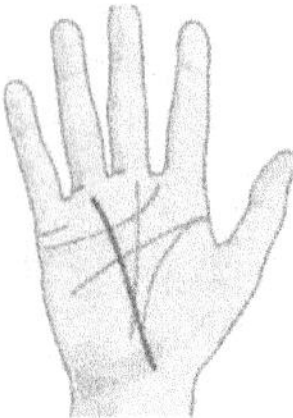

Se la linea del sole parte dal Monte di Marte Superiore (situato tra la linea della testa e la linea del cuore, sotto il mignolo) e termina alla base dell'anulare indica una carriera di successo.

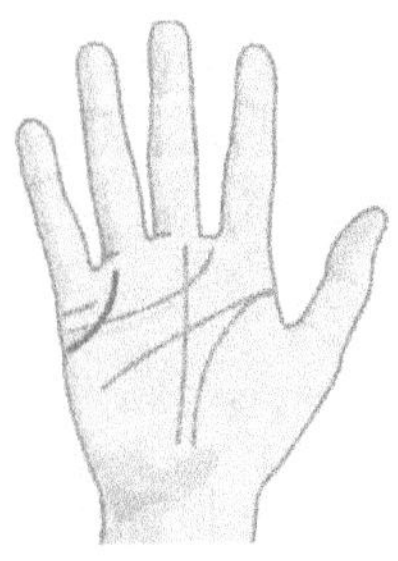

Se la linea del sole inizia dalla linea del destino e si estende verso l'alto, indica un risultato eccezionale e il rispetto degli altri a causa del nostro grande sforzo e del duro lavoro.

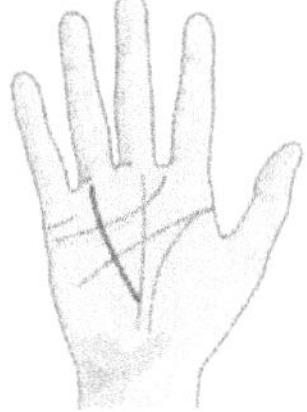

Se la linea inizia dal Monte della Luna (situato sulla base del palmo, lato mignolo) e si estende verso l'alto, mostra che si può ottenere successo con l'aiuto e il supporto degli altri. Questo tipo di linea può essere posseduta principalmente da musicisti, scrittori e intrattenitori.

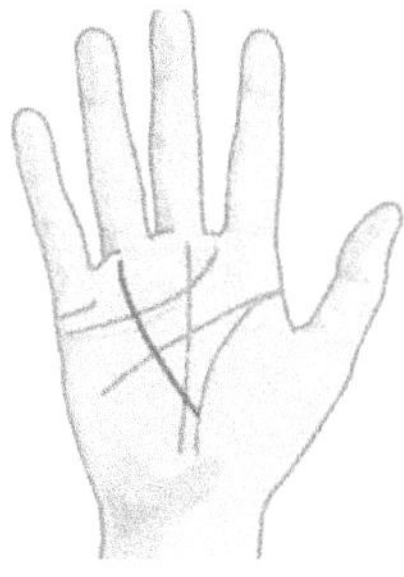

Infine:
- Se c'è la linea di Destino ma la linea del Sole è corta, per quanto ci si provi, sarà difficile ottenere riconoscimento e successo.
- Al contrario, anche se la linea del Destino non è lunga o lineare, ma si possiede una forte linea del Sole, sì è in grado di ottenere aiuto e riconoscimento, e così ottenere il successo.

La Linea della Salute

E' denominata anche Linea di Mercurio o Linea del Dialogo Interiore; in molte persone non appare, ma quando è presente, nasce dalla base della mano e si dirige verso l'alto, in direzione del Monte di Mercurio, sotto il dito mignolo.
La linea della Salute nella lettura della mano è associata alle condizioni di salute di una persona.
Non c'è un luogo fisso del suo punto di inizio: può iniziare dalla base del mignolo ed estendersi lungo il palmo fino alla base del pollice, oppure, può iniziare sotto la linea del cuore e finire alla linea della vita senza unirsi ad essa.
Nella chiromanzia cinese, la linea della Salute viene anche chiamata Linea Malsana, perché, di solito, appare nelle mani della persona che non è abbastanza sana.
Questo non significa che tutti i tipi di linee della salute siano negative. Una linea retta che non tocca la linea della Vita indica solitamente una buona condizione di salute.
Se la linea della salute è assente, è un buon segno; significa che si è sani e non si hanno problemi di salute.

- Una linea ondulata indica potenziali problemi di salute nel sistema digerente e un declino della funzionalità del fegato o della cistifellea; c'è un'alta probabilità di soffrire di disturbi gastrointestinali. Se è piegata a formare un grande arco, mostra una grande perdita di forza o vigore.

- Una linea spezzata mostra che la funzione del sistema digestivo è in declino; se le linee spezzate sono terrazzate, la situazione è peggiore.

- Se la linea della Salute è attraversata da alcune linee brevi, indica una cattiva salute e si tende a essere inclini a incidenti.

- Se la linea della Salute è molto breve o è composta da molte linee brevi, è anche un'indicazione di cattiva salute.

- Se incrocia la linea della Testa, in generale, coloro che possiedono una lunga linea della Salute sono di solito intellettuali. Ma se la linea della Salute attraversa la linea della Testa, mostra che la salute può essere influenzata dalla stanchezza mentale eccessiva. Soprattutto dopo la mezza età, ci si può trovare in uno stato di salute che richiede più riposo e cura.

- Se si estende al Monte di Venere che si trova alla base del pollice, c'è debolezza nel sistema circolatorio. Si deve fare attenzione alle malattie cardiache o a un'emorragia cerebrale. È possibile immaginare il periodo calcolando il punto di intersezione delle due linee.

- Se tocca la linea della Vita e finisce lì, è un segno infausto per la salute. Potresti avere un sistema cardiovascolare debole che influisce negativamente sulla normale circolazione sanguigna.

- Se parte dalla Linea del Cuore e finisce alla linea della Testa, suggerisce che il sistema nervoso sia l'elemento debole in caso di incidenti.

- Se due linee della Salute si intersecano tra loro è un'indicazione di carenza di energia vitale, di salute debole e di malattie croniche a lungo termine che non sono facili da curare.

I Segni particolari

Spesso sulle mani, con un'attenta osservazione e magari con l'aiuto di una lente d'ingrandimento, si notano dei segni, delle piccole alterazioni presenti su monti e linee che a volte appaiono e spariscono nel giro di pochi giorni, a volte rimangono come segni indelebili che denunciano o annunciano stati d'animo, manifestazioni intime ed esterne, messaggi del destino.

- Individuarli e interpretarli significa prepararsi ad affrontare, nella miglior condizione, ciò che ci aspetta, sia nel bello dove l'attesa del lieto evento è facile di per sé, però saperlo prima aiuta a non sprecarlo, sia, soprattutto, nel brutto, dove spesso la semplice conoscenza di un momento difficile contribuisce attivamente a superarlo.

Anche nelle situazioni più "pesanti", che comunque inevitabilmente dovremo affrontare, la consapevolezza mette in moto meccanismi di difesa e attiva, spesso inconsciamente, la volontà e le riserve più profonde che ci permettono di superare difficoltà e ostacoli.

Croce

E' formata da due brevi tratti incrociati ed è quasi sempre indice di tribolazioni, di guai, con una sola posizione positiva.

Se la troviamo:

- Sul monte di Giove, alla base dell'indice, tutto bene, ci avverte che si sta avvicinando un incontro d'amore importante, il classico colpo di fulmine: aguzziamo le antenne e guardiamoci ben attorno prima che scappi via.

- Sul monte di Venere, affiliamo le armi, si avvicina una "bufera" sentimentale, litigi con tuoni e fulmini.

- Sul monte di Saturno, alla base del medio, prepariamoci a sostenere un periodo di pessimismo e solitudine. Giustificata da fattori esterni o da intime sensazioni, ci calerà addosso una cappa scura, formata da apprensione, senso della tragedia e angoscia, che sarà la nostra compagnia fino a che la croce non sparirà.

- Sul monte di Mercurio, alla base del mignolo, attenzione ai soldi e alle speculazioni azzardate, potrebbero costarci care.

Stella

E' costituita da numerosi tratti che s'irraggiano da un punto centrale e si presenta con l'aspetto di un asterisco. E' sempre di buon auspicio e annuncia un successo improvviso.

Se brilla:

- Sul monte di Venere, annuncia un periodo di vita affettiva gratificante in cui sesso, amore e passione giocheranno un ruolo importante.

- Sul monte di Giove, annuncia successo e fama nell'ambito del lavoro.

- Sul monte di Apollo, alla base dell'anulare, la felicità è più intima, di quelle che arrivano all'improvviso e senza spiegazione, ma che riempie il cuore di gioia di vivere.

- Sul monte di Mercurio, il successo è finanziario, annuncia il buon raccolto che segue a brillanti e acute intuizioni.

Isola

Ha la forma di un fagiolo e si presenta sulle linee che, per un tratto più o meno breve, si sdoppiano e poi si richiudono.

Se appare:

- Sulla linea della vita riguarda la salute: dovremo affrontare un periodo di instabilità fisica che rallenterà ogni iniziativa.

- Sulla linea della testa, meglio rinviare la preparazione delle scelte importanti, la capacità di concentrazione e la qualità della tensione psichica non sono delle migliori.

- Sulla linea del cuore, annuncia un periodo di difficoltà sentimentale, certamente non una catastrofe, ma una fase tormentata da incomprensioni e distacco.

Nel caso ce ne sia più di una, allora la ricerca dell'anima gemella sarà lunga e si alterneranno momenti di gran tenerezza e partecipazione con momenti di delusione e distacco.

Quadrato

E' un disegno formato da quattro linee con l'aspetto di un quadrato o di un rombo. Esprime significati diversi a seconda di dove si presenta.

Se appare:

- Sulla linea della vita, solitamente a cavallo di una frattura della linea stessa, indica la protezione dalla minaccia che la frattura comporta. Spesso si forma pochi mesi prima della data del pericolo, e scompare qualche tempo dopo, esaurita la sua funzione.

- Sul monte di Giove, rivela un'attitudine naturale a trasmettere agli altri le proprie conoscenze. E', infatti, conosciuto come il quadrato dell'insegnante.

- Sul monte di Saturno, rappresenta uno scudo contro avversità personali che solitamente provocano pessimismo e depressioni. Racchiude in un salutare isolamento.

Triangolo

E' un disegno formato da tre linee con l'aspetto di un triangolo di diverse conformazioni. Significa successo e saggezza.

Se appare:

- Sul monte di Giove, rivela il talento naturale nel dirigere e la buona capacità organizzativa. Annuncia impegni, ma anche soddisfazioni.

- Sul monte di Saturno, esprime la predisposizione all'occultismo e la tendenza mistica. Richiede momenti di isolamento e di distacco dalla realtà quotidiana.

- Sul monte di Mercurio, indica acume negli affari. Permette passi che ad altri possono apparire avventati e rischiosi.

- Sul monte della Luna, indica il possesso di capacità paranormali. Se poi, il monte stesso è di un color rosa più intenso che il resto della mano, allora siamo anche dotati di chiaroveggenza.

Griglia

Ha la forma di una rete e appare su alcuni monti segnalandoci un momentaneo calo dell'energia.

Se appare:

- Sul monte di Venere, comunica che è il momento di tirare momentaneamente i remi in barca o, per lo meno, rallentare i nostri ritmi generali. Ci consiglia di prendere tutto con più calma.

- Sul monte di Giove, esprime il timore ansioso di una scelta della quale non siamo certi, un compito che non riusciamo a concludere e che ci sta affaticando. Conviene accantonare e rinviare a quando la mente sarà più serena.

- Sul monte di Apollo, avverte che la nostra creatività sta attraversando un periodo di nebbia e confusione. Meglio lasciar riposare la fantasia e dedicarsi a compiti più concreti.

- Sul monte di Mercurio, indica che stiamo conducendo degli affari in modo disorganizzato e senza una mira precisa. Sarebbe opportuno aspettare che la griglia cominci a sfumare.

Barra

E' un piccolo tratto che attraversa le linee e rappresenta un ostacolo di scarsa intensità e breve durata.

Acquista significati diversi a seconda delle linee che incrocia.
Se incrocia:

- La linea della vita, rappresenta un malessere passeggero.

- La linea della testa, segnala un momento di ansia.

- La linea del cuore, rivela uno screzio sentimentale.

- La linea del destino, indica un intoppo alla carriera.

- La linea della felicità, annuncia una nuvola fuggevole.

Le Dita

In rapporto alle loro dimensioni, le dita hanno vari significati.

- Le dita lunghe indicano persona accurata, paziente, meticolosa e metodica; se però sono eccessivamente lunghe indicano che la persona è eccessivamente meticolosa, e sono, anche, indice di vanità.
- Le dita corte indicano capacità di sintesi e intuizione pronta, oltre che dinamismo fisico e di pensiero.
- Le dita di media lunghezza indicano equilibrio tra intelligenza e istinto, capacità di analisi e di sintesi insieme; sono di lunghezza media quelle dita nelle quali l'indice ha la stessa lunghezza del palmo.
- Dita molto spesse denotano materialità ma anche possibilità di successo pratico, mentre dita sottili indicano persona idealista; se si trovano in una mano poco armoniosa, indicano astuzia e falsità.
- Dita grasse denotano tendenza alle cose materiali, al benessere, ai piaceri della carne e della tavola, mentre, dita magre caratterizzano individui cerebrali, alieni dai piaceri materiali e tesi nella riuscita delle proprie aspirazioni.
- Se le dita finiscono in forma di spatola, annunciano sempre maniere brusche, specialmente se la linea della vita è profonda e rossa, ma se la linea del cuore è accentuata significa anche buon cuore.
- Le dita coniche, cioè quelle che si assottigliano all'estremità, indicano buona ricettività.
- Le dita quadrate, cioè quelle che hanno l'ultima falange di una misura uguale dalla base all'estremità, rappresentano l'equilibrio, la riflessione, l'ordine.
- Le dita ben proporzionate annunciano una buona indole.

In generale, le indicazioni che si possono trarre di carattere psicologico dalla misura dei polpastrelli delle dita sono le seguenti:

- Prima falange, all'estremità del dito: se più sviluppata delle altre indica maggiore impressionabilità.
- Seconda falange, intermedia: se più sviluppata indica carattere ragionatore e studioso nonché spiritualità.
- Terza falange, vicina al palmo: se più lunga e più grossa denota carattere tranquillo e indolente.

Se le tre falangi delle quattro dita sono della stessa lunghezza e grossezza è segno che il soggetto è persona equilibrata e giusta.

Le dita lisce rivelano tatto, ispirazione, spontaneità, primo impulso; se particolarmente lisce indicano storditaggine, capriccio e leggerezza. Se le dita lisce sono quadrate, tra l'ispirazione e la ragione vi sarà maggior equilibrio; il soggetto amerà le arti, la letteratura, avrà idee positive.
Le dita lisce a spatola indicano un compromesso fra l'ordine e l'apparenza dell'ordine: si avrà una sensibilità materialistica che fa apprezzare l'aspetto utilitario delle cose e attività più che delicatezza oltre a intelligenza positiva.
Nelle dita nodose si distinguono due tipi di nodi.
Fra la prima falange (quella che ha l'unghia) e la seconda falange è il nodo filosofico; il nodo posto tra la seconda falange e la terza è il nodo dell'ordine materiale.

Le dita senza nodi appartengono a mani di artisti: infatti, anche se si danno uno scopo positivo, gli artisti procedono sempre più per ispirazione che per ragionamento; più per fantasia e sentimento che per aderenza alla realtà della vita.

I nodi modificano le caratteristiche delle dita.
Il primo nodo, quello più vicino all'unghia è detto "nodo filosofico"; è il nodo del ragionamento e della discussione e rappresenta la tendenza all'analisi e l'ordine nelle idee: più il nodo è pronunciato e più si affermano queste qualità.

Il secondo nodo, che lega la seconda falange a quella che è alla base delle dita, è detto "nodo materiale"; più è pronunciato e più indica la tendenza all'ordine materiale che può arrivare all'eccesso della meticolosità.

Il Pollice

Il pollice corrisponde al pianeta Venere.

È il dito della volontà e della logica; lo studio di questo dito è particolarmente importante.

Dalla forma del pollice può essere modificata, e anche completamente cambiata, l'indicazione delle qualità del carattere dell'individuo: infatti, questo dito rappresenta la volontà e la dote più preziosa dello spirito, che è la logica.

Lo sviluppo del pollice è in proporzione allo sviluppo delle facoltà mentali: gli individui di mente poco acuta hanno il dito pollice debole e sovente lo tengono nascosto nel pugno come i neonati, gli idioti dalla nascita generalmente lo hanno atrofizzato quando non ne sono addirittura privi; infatti, essi mancano di volontà e di logica.

Se il pollice sporge all'indietro indica ostinazione e natura aggressiva, se invece volge verso le altre dita indica natura nervosa e simulatrice.

In questo dito si distingue la radice, ossia il monte di Venere, poi la seconda falange e la prima falange con l'unghia.

- La radice del pollice, monte di Venere, molto sviluppata indica sensualità che potrà essere dominata se la prima falange, segno di volontà, sarà lunga.
- La seconda falange, la logica, se è più lunga della prima denota volontà debole e più logica e ragionamento ma indecisione: se è molto più lunga indica facilità allo scoraggiamento e grande mutabilità di umore. Se è di uguale lunghezza della prima falange significa che logica e volontà sono in eguale misura e determinano equilibrio.
- La prima falange, quella che porta l'unghia, rappresenta la volontà. Se è lunga e forte è segno di volontà possente ed energica e di molta fiducia in se stessi. Se la falange è molto lunga e grossa, la volontà giungerà alla tirannia: si avrà molto orgoglio. Se la falange è di media lunghezza si avrà soltanto della resistenza passiva per forza d'inerzia, umore uguale, indecisione. Se la falange è cortissima

indica una mancanza assoluta di volontà, indifferenza, cambiamenti di umore senza importanti ragioni.

Al pollice sono associati il 3° Chakra, Marte, l'elemento fuoco, il Meridiano del Polmone, la vitalità, gli istinti, la libido, l'energia, il potere creativo.
La sua energia nutre l'energia delle altre dita, assorbe l'energia in eccesso e ristabilisce l'equilibrio nella mano; per poterlo fare pienamente è necessario liberarsi dall'irritazione di fronte alle difficoltà e alle prove della Vita.
Sul piano fisico gestisce la gola, il collo, il cervello, la pineale e la pituitaria.
La sovrapposizione spontanea di un pollice sull'altro indica se siamo tipi di testa o cuore; c'è un modo rapido e facile che ci permette di sapere a quale dei due schieramenti apparteniamo.
Proviamo a incrociare le dita spontaneamente senza pensarci su, come ci capiterà di fare chissà quante volte al giorno: ci accorgeremo di compiere il gesto sempre nello stesso modo e se proviamo il contrario, la posizione ci sembrerà forzata e innaturale.

- Se è il destro che sta sopra al sinistro vuol dire che apparteniamo al gruppo delle persone concrete, quelle che "le cose vanno ragionate, bisogna usare la testa" e allora la logica, alla fine, prevarrà sul sentimento; certo, l'amore è importante come per chiunque altro e le passioni sono sincere, ma l'ultima parola di diritto se la prenderà la testa.
- Se, al contrario, è il pollice sinistro che copre il destro, allora ci troviamo nell'altro gruppo, quello altrettanto numeroso ma più romantico, in compagnia di coloro che nei momenti decisivi non riescono a far tacere le emozioni, quelli che "il sentimento è la voce dell'anima, al cuore non si comanda" e allora, nella schermaglia finale, le ragioni della ragione lentamente si spengono e il cuore batterà l'ultima nota.

L'Indice

L'indice corrisponde al pianeta Giove.
È il dito della religione, del successo, della fortuna, dell'ambizione, della sensualità.
 Generalmente in tutte le sue forme indica amor proprio, ambizione e orgoglio.

- Soltanto se è corto indica bontà e carattere benevolo verso gli altri.
- Se è particolarmente lungo è segno di orgoglio e di tendenza al dominio.
- Se il dito è appuntito indicherà intuizione e amore per la natura.
- Se il dito è quadrato denota tendenza alla ricerca della verità in rapporto alla natura.

All'indice sono associati il 4° Chakra, Giove, l'elemento aria, il Meridiano dello Stomaco e il Meridiano dell'Intestino Crasso, l'intuizione, l'ispirazione, l'accettazione, l'accoglienza, l'autostima e l'affermazione di sé.
Tutto si ottiene se l'Uomo si libera della Rabbia e della Violenza.
Sul piano fisico gestisce l'occhio, i seni mascellari e frontali, lo stomaco, il pancreas, l'intestino crasso.

Il Medio

Il dito medio corrisponde al pianeta Saturno.
È il pianeta della tristezza e della malinconia, ma il dito ha come
caratteristiche la prudenza, l'intelligenza, la pazienza.

- Se è appuntito, cioè si assottiglia verso l'alto, indica
  carattere accomodante, leggerezza e anche aridità di
  cuore.
- Se è quadrato promette equilibrio e riflessione ma
  tendenza alla malinconia e al pessimismo.
- Se è a spatola denota attività ma temperamento facile alla
  malinconia.
- Se il dito è lungo preannuncia facilità allo
  scoraggiamento, mentre se è corto indica che il soggetto
  accetta filosoficamente i casi della vita.

Al medio sono associati il 5° Chakra, Saturno, l'elemento etere,
il Meridiano della Cistifellea e il Meridiano della Circolazione.
E' la Porta verso il cielo, la purezza, l'ambizione, l'iniziativa,
l'azione, l'ordine.
Ogni cosa è possibile se si coltiva la Pazienza e l'Umiltà.
Sul piano fisico gestisce l'occhio, i Seni mascellari e frontali,
cistifellea, circolazione, sindromi di affaticamento.

L'Anulare

L'anulare corrisponde al Sole.
Indica stabilità, idealismo, doti artistiche, senso critico e successo.
E' il dito di Apollo, cioè della ricchezza materiale e spirituale.

- Se è appuntito significa intuizione e sensibilità per la bellezza.
- Se quadrato annuncia tendenze artistiche e possibilità di creazione: la ragione è applicata nell'arte come nella vita.
- Quando l'anulare è corto indica che si ha facoltà di percepire ma non di creare.
- Se è lungo annuncia molta ambizione, talento artistico, desiderio di notorietà e disposizione al gioco d'azzardo.

All'anulare sono associati il 1° Chakra, Apollo, il sole, l'elemento terra, il Meridiano del Fegato e il Triplice Riscaldatore, l'energia, la resistenza, la serenità, la speranza, l'empatia, ottenibile quando l'Uomo sa vivere la povertà ed è responsabile di ciò che pensa, dice e fa (Karma).
Sul piano fisico gestisce l'Orecchio, i Seni mascellari e frontali, il fegato, il sistema immunitario e di termoregolazione, il mal di testa.

Il Mignolo

Il mignolo corrisponde al pianeta Mercurio.

È il dito della medicina, degli affari, dello studio, della socievolezza e dell'astuzia.Al mignolo sono associati il 2° Chakra, Mercurio, l'elemento acqua, il Meridiano del Cuore, il Meridiano dell'Intestino Tenue, il Meridiano dei Reni e della Vescica, la creatività, la bellezza, la chiarezza, la sessualità, la comunicazione, le emozioni.
Si ottiene tutto quando l'uomo impara a svolgere compiti umili e si libera della critica e del giudizio.
Sul piano fisico gestisce l'Orecchio, i Seni mascellari e frontali, il cuore, i reni, la vescica, i dolori addominali, il peso eccessivo.

- Il mignolo che termina a punta è segno di intuizione e di abilità; se il nodo in alto è molto sviluppato è segno di attitudine alle scienze e di perspicacia: se è più marcato il secondo nodo è indice di abilità negli affari.
- Se il mignolo è torto, mal fatto, appartiene a persone molto intelligenti ma che non concludono molto nella vita perché imprudenti.
- Se il dito è quadrato indica attitudine allo studio e alla ricerca basata sulla logica.
- Se il dito è a spatola indica attività, amore per le scienze attive come la meccanica.

Le Falangi

Le tre falangi delle dita rappresentano i tre mondi della nostra esistenza:

- La prima falange risponde alla cosa divina.
- La seconda al mondo naturale.
- La terza al mondo materiale.

Queste falangi sono disuguali in lunghezza e spessore, e secondo queste proporzioni e al dito a cui appartengono, acquisiscono un significato diverso.

Nell'antichità i medici, con Ippocrate per primo, affermavano anche che il dito di Giove stava in relazione con il fegato; il dito di Saturno, e particolarmente quello della mano sinistra, simpatizzava con la milza, e l'anulare, il dito di Apollo, con il cuore.

La falange, o terza falange, o falange palmare, collega il dito al palmo della mano e simbolicamente rappresenta la "realtà materiale".

- Una falange particolarmente evidente e rigonfia indica sensualità e propensione agli agi.
- Una falange molto lunga segnala un'esistenza dominata prevalentemente dagli interessi materiali.

La falangina, o seconda falange, si trova in posizione intermedia fra falange e falangetta e simbolicamente rappresenta il "senso pratico".

- Una falangina particolarmente lunga indica la presenza di notevole senso pratico, mentre se è molto corta esprime difficoltà nell'affrontare i problemi di tutti i giorni.

La falangetta, o prima falange, o falange unghiata, è la parte del dito
che comprende l'unghia e simbolicamente rappresenta le "idee".

- Una falangetta particolarmente lunga, più frequente nelle mani con palmo stretto, segnala idealismo, misticismo e indica prevalenza del pensiero sull'azione.
- La falangetta con un profilo "a goccia d'acqua" indica una notevole sensibilità tattile che rende possibili attività manuali di grande finezza.

Indice: dito dell'Acqua

- Se la prima falange è relativamente lunga predominerà il lato divino, cioè l'intuizione e la religione.
- Se la seconda è più lunga, predomina l'ambizione e sarà il lato positivo a imporsi.
- La terza falange più sviluppata e più lunga indicherà la volontà orgogliosa di arrivare al top e dominare.

Medio, o centrale, o Cordiale: dito della Terra

- La prima falange se è lunga e larga indica tristezza e superstizione.
- La seconda falange, in dita nodose, indica passione per l'agricoltura e per le scienze esatte; in dita lisce, attitudine per magie nascoste.
- La terza falange lunga indica avarizia.

Anulare: dito del Fuoco

- La prima falange più lunga indica passione per l'arte.
- Anche la seconda falange lunga indica la logica e la ragione nell'arte, e un giusto desiderio di arrivare nel settore del lavoro.
- La terza falange più sviluppata indica vanità, desiderio di brillare e di acquisire ricchezza.

Mignolo: dito dell'Aria

- La prima falange, se lunga, indica amore per la scienza, facilità di linguaggio.

- La seconda falange, più sviluppata, indica tendenza verso l'industria, il commercio e le attività pratiche che richiedono ragionamento.
- La terza falange indica il lato materiale, il sotterfugio, la birichinata fino alla bugia.

Pollice: dito del quinto elemento, la Vita.

In questo dito si distingue la radice, cioè il monte di Venere, dopo la seconda falange e la prima falange con l'unghia.
La radice del pollice (monte di Venere) molto sviluppata indica sensualità che potrà essere dominata se la prima falange, indizio di volontà, è lunga.

- Se il pollice è particolarmente allungato la volontà sarà molto forte perché sarà basata sulla logica, ma non sarà tirannica.
- Se il pollice, nel suo insieme è di misura normale, si terrà una resistenza passiva ma molto decisa.

La prima falange, quella che porta l'unghia, rappresenta la "volontà".

- Se è lunga e forte, è segno di volontà potente ed energica e di molta fiducia in se stessi.
- Se la falange è molto lunga e grossa, la volontà si unirà alla tirannia.
- Se la falange è di lunghezza media, si avrà resistenza solamente passiva per forza dell'inerzia, umore uguale, indecisione.
- Se la falange è breve, indica una mancanza assoluta di volontà, indifferenza, cambiamenti di umore senza ragioni importanti.
- Se la prima falange è breve e rotonda, quasi a palla, indica istinti feroci, carattere brutale; ugualmente, se è grossa e allungata con l'unghia breve e schiacciata, conferma la natura brutale.
- Se è appuntita, annuncia sensibilità e impulsività, mentre, se è conica, indica mancanza di perseveranza.

La seconda falange, rappresenta la "logica".

- Se è più lunga della prima, indica volontà debole e inoltre logica e ragionamento, ma indecisione.
- Se è molto più lunga indica facilità per lo scoramento e gran mutabilità di umore.
- Se è di uguale lunghezza rispetto alla prima falange significa che logica e volontà stanno in uguale misura e determinano equilibrio.

Oltre al loro significato in base alla forma, le falangi rappresentano anche i segni zodiacali, ogni cultura mette i propri simboli e significati ricollegandoli a questo o quest'altro segno zodiacale, per questo sarebbe anche importante riuscire a capire l'appartenenza culturale del consultante, per riuscire ad avere una lettura più completa.

Le Unghie

Nelle mani si notano le più svariate forme di dita e di unghie che servono a proteggere l'estremità della terza falange.

- Le unghie, formate di una sostanza cornea, hanno il compito di proteggere i filamenti nervosi estremamente sottili e sensibili che, attraverso l'epidermide, si riuniscono nella punta delle dita e servono al tatto.

L'unghia formale non deve essere fragile, deve avere un pallido colore rosato e misurare nella parte aderente alla carne quanto misura la parte della terza falange che dall'inizio raggiunge la radice dell'unghia.

- Dalla forma delle unghie si rilevano indicazioni sul carattere del soggetto.

Se le unghie sono sottili denotano finezza di tatto e di intelletto, le unghie grosse e spesse rivelano mancanza di delicatezza nel senso del tatto, limitate facoltà intellettuali e poca perspicacia.
Le unghie dure indicano un carattere energico e deciso mentre le unghie tenere annunciano una natura molle e un carattere indeciso. Le persone che sono dotate di fantasia e sono molto impressionabili hanno generalmente le unghie lunghe e arcuate.
Le unghie corte denotano uno spirito critico e positivo, acutezza nei giudizi, prontezza e amore per le discussioni.
Le unghie piatte, allargate al sommo delle dita, se sono grosse e dure indicano molta propensione al movimento e all'azione, rudezza, irrequietezza, spirito di contraddizione e desiderio di lottare e di discutere.
Le unghie che sono piatte e larghe ma sottili e trasparenti indicano anch'esse bisogno di attività, ma soltanto spirituale anziché fisica e se indicano pure una volontà di lotta è piuttosto ricerca di lotta intellettuale che permetta di sostenere le proprie opinioni ed esercitare uno spirito critico.

Le unghie strette, convesse e appuntite appartengono, generalmente, a dita affusolate; i soggetti sono allora nature impressionabili, poco perspicaci e incostanti.
Se le unghie sono dure, oltre alla poca perspicacia si aggiunge suscettibilità e amor proprio eccessivo, facilità all'invidia e alla gelosia. Le unghie strette, curve e delicate sono per i sognatori, creature sensibili, sovente portati alla malinconia.

- Unghie corte:tendenza a malattie intestinali.
- Unghie corte e piatte: disposizione a malattie nervose e a disturbi cerebrali.
- Unghie corte, larghe e fragili: disposizione alla paralisi.
- Unghie sottili e strette: salute delicata.
- Unghie lunghe: mediocre forza fisica e poca salute.
- Unghie lunghe allargate in alto e di colore azzurrognolo alla radice: indice di cattiva circolazione del sangue, di cuore debole e di disturbi nervosi.
- Unghie senza mezzaluna bianca nella parte inferiore e corte e piccole: indicano tendenza a disturbi di cuore; se la mezzaluna è molto sviluppata indica che la circolazione del sangue è buona.
- Unghie fragili e pallide: debolezza.
- Unghie dure: buona salute.
- Unghie incurvate all'apice sul dito: disposizione a malattie di petto.
- Unghie convesse: disposizione a malattie del midollo spinale.
- Unghie di colore giallognolo: tendenza al male di fegato.
- Unghie violacee: salute cagionevole.
- Unghie molto colorate o troppo pallide: natura linfatica e debolezza.

Quando compaiono piccole macchie bianche è segno di uno stato nervoso in un temperamento sensibile; potrebbero anche annunciare avvenimenti propizi, mentre se le macchie sono nere dovrebbero indicare la possibilità di avvenimenti funesti.
La sifilide congenita è rivelata da unghie piccole, sottili, fragili, irregolari e macchiate.

Se le unghie, specialmente del pollice e dell'indice, tendono a curvarsi come se entrassero nella carne è segno di disturbi polmonari; già il grande medico dell'antichità, Ippocrate, osservò che tale tipo di unghie si nota più facilmente nella donna giovane, specialmente nei tipi biondi con pelle delicata, e la maggiore o minore curvatura dell'unghia riflette la maggiore o minore gravità della malattia.

Le unghie solcate nel senso della lunghezza indicano eccesso di lavoro mentale e di vecchiaia, mentre se sono solcate nel senso della larghezza sono sintomi di malattie acute e generalmente si formano dopo alcuni giorni dall'inizio della malattia.

E' opportuno osservare il modo con cui sono tenute le unghie perché se sono tenute male o rosicchiate indicano che l'individuo è tipo disordinato, distratto e rozzo; al contrario, le unghie tenute in modo accurato, senza ricercatezza, sono di persone attive, sobrie e costanti.

www.ingramcontent.com/pod-product-compliance
Lightning Source LLC
LaVergne TN
LVHW050615200726
843508LV00010B/1863